Ausführliches Verzeichniß der

Guttentag'schen Sammlung

Deutscher Reichs- und Preußischer Gesetze

Text-Ausgaben mit Anmerkungen — Taschenformat

welches alle wichtigeren Gesetze in absolut zuverlässigen Gesetzestexten und in mustergiltiger Weise erläutert enthält, befindet sich hinter dem Anhang.

Guttentag'sche Sammlung
Nr. 56. Deutscher Reichsgesetze. Nr. 56.
Text-Ausgaben mit Anmerkungen.

Gesetz

betreffend

die Bekämpfung gemeingefährlicher Krankheiten.

Vom 30. Juni 1900.

Text-Ausgabe mit Anmerkungen und Sachregister

von

Dr. Burkhardt,
Regierungsrath, Mitglied des Kaiserlichen Gesundheitsamts.

Berlin 1900.
J. Guttentag, Verlagsbuchhandlung,
G. m. b. H.

Vorwort.

Zur Bekämpfung der gemeingefährlichen Krankheiten hat es sich als nothwendig herausgestellt, ein besonderes Gesetz zu erlassen. Der Text dieses Gesetzes ist Jedermann leicht zugängig, die Gesetzesmaterialien, die zu seinem Verständniß und seiner richtigen Anwendung unentbehrlich sein dürften, werden aber für Manchen nur unter erheblichem Zeitverlust und vielleicht auch Kostenaufwand erreichbar sein. Um weiteren Kreisen auch diese bequem nutzbar zu machen, sind sie von mir in der vorliegenden Ausgabe an den entsprechenden Stellen eingefügt worden. Und zwar ist den Angaben des gegenwärtigen Kommentars, insoweit im Texte nicht ausdrücklich eine andere Quelle genannt ist, durchweg die dem Gesetzentwurf beigegebene Begründung bezw. der von der XXIV. Kommission dem Reichstag erstattete Bericht (10. Legislatur-Periode 1. Session 1898/1900 des Reichstags, Drucksache Nr. 690 bezw. 796) zu Grunde gelegt.

Dort, wo das Gesetz auf weitergehende landesgesetzliche Bestimmungen Bezug nimmt, wurden auch diese in Zusammenstellungen beigegeben.

Die Ausführungsbestimmungen zu dem Gesetz behalte ich mir vor, thunlichst bald, nachdem sie vom Bundesrath erlassen sind, als besondere Anlage hierzu nachfolgen zu lassen.

Der Herausgeber.

Inhaltsverzeichniß.

	Seite
Gesetz, betreffend die Bekämpfung gemeingefährlicher Krankheiten	8
Anzeigepflicht §§. 1—5	8—32
Ermittelung der Krankheit §§. 6—10 . . .	32—39
Schutzmaßregeln §§. 11—27	39—56
Entschädigungen §§. 28—34	56—60
Allgemeine Vorschriften §§. 35—43	61—70
Strafvorschriften §§. 44—46	71—73
Schlußbestimmungen §§. 47—49	74—75
Sachregister	77—90

(Nr. 2686.)

Gesetz,

betreffend die

Bekämpfung gemeingefährlicher Krankheiten.[1])

Vom 30. Juni 1900.

(R.G.Bl. Nr. 24 S. 306.)

Wir Wilhelm, von Gottes Gnaden Deutscher Kaiser, König von Preußen rc. verordnen im Namen des Reichs, nach erfolgter Zustimmung des Bundesraths und des Reichstags, was folgt:

Anzeigepflicht.[2])

§. 1.

Jede Erkrankung und jeder Todesfall[3]) an

Aussatz (Lepra), Cholera (asiatischer), Fleckfieber (Flecktyphus), Gelbfieber, Pest (orientalischer Beulenpest), Pocken (Blattern),

sowie jeder Fall, welcher den Verdacht[4]) einer dieser Krankheiten erweckt, ist der für den Aufenthaltsort des Erkrankten oder den Sterbeort zuständigen Polizeibehörde[5]) [6]) unverzüglich[7]) anzuzeigen.

Wechselt der Erkrankte den Aufenthaltsort,[8]) so ist dies unverzüglich bei der Polizeibehörde des bisherigen und des neuen Aufenthaltsorts[9]) zur Anzeige zu bringen.[10])

[1]) Vorbemerkungen: Der Reichstag war früher bereits zweimal mit einer Vorlage befaßt worden, durch welche auf Grund des Artikels 4 Ziffer 15 der Reichsverfassung die Bekämpfung der gemeingefährlichen Krankheiten eine einheitliche Regelung für das gesammte Reichsgebiet erfahren sollte. Der erste im Jahre 1893 vorgelegte Gesetzentwurf wurde in den Sitzungen vom 21. und 22. April 1893 berathen und einer Kommission überwiesen, die ihre Arbeiten indeß in Folge Auflösung des Reichstages nicht zu Ende führen konnte. 1894 wurde der Gesetzentwurf in wenig veränderter Fassung von neuem dem Reichstage vorgelegt, gelangte aber wiederum nicht zur Verabschiedung. Die seit dem Jahre 1896 Deutschland immer näherrückende Pestgefahr gab Veranlassung, mittelst gegenwärtigen Gesetzes den Gegenstand reichsgesetzlich zu regeln.

Vor dem Inkrafttreten des Reichsgesetzes waren in den einzelnen Bundesstaaten die diesbezüglichen Bestimmungen sehr verschieden, zum Theil auch unzureichend und so veraltet, daß sie weder dem Stande der Wissenschaft entsprachen noch in wünschenswerthem Maße der Entwickelung des Personen- und Güterverkehrs Rechnung trugen. Besonders machten sich Unzuträglichkeiten in dieser Beziehung in Preußen fühlbar, wo für die Bekämpfung der gemeingefährlichen Krankheiten noch das Regulativ vom 8. August 1835 maßgebend war.

Nach den Entscheidungen des Reichsgerichts und des Oberverwaltungsgerichts (vgl. Entscheidungen des Reichsgerichts in Strafsachen Bd. 27, S. 280; Johow, Jahrbuch für Entscheidungen des Kammergerichts Bd. 16, S. 465) waren hier neue Polizeiverordnungen nur insoweit als rechtsgültig anzuerkennen, als sie durch die Bestimmungen des vorbezeichneten Regulativs gedeckt waren; darüber hinausgehende entbehrten, wenn nicht auf dem Gesetzeswege erlassen, der Rechtsverbindlichkeit.

Sonach fehlte sämmtlichen Polizeiverordnungen, die seinerzeit eine Anzeigepflicht für choleraverdächtige Fälle ausgesprochen hatten, die Rechtsgrundlage, und den Behörden mangelte, da das Regulativ Bestimmungen über Pest überhaupt nicht enthielt, völlig eine geeignete Handhabe, um die letztgenannte Krankheit in wirksamer Weise zu bekämpfen. Im Hinblick auf die erwähnte Rechtsprechung war es für Preußen unerläßlich, eine sichere und unanfechtbare Rechtsgrundlage für die zur Bekämpfung der Pest und Cholera erforderlichen Maßregeln im Wege der Gesetzgebung zu schaffen. Es empfahl sich aber nicht, diese Vorschriften der Landesgesetzgebung zu überlassen, vielmehr war es angezeigt, die Angelegenheit von Reichswegen zu regeln, da auf Einheitlichkeit der anzuwendenden Grundsätze und zwar schon im Hinblick auf die Interessen des Verkehrs entscheidender Werth zu legen war.

Eine gleichmäßige Regelung der Seuchenabwehr war auch nothwendig in Folge der Verbindlichkeiten, die das Reich durch den Abschluß der internationalen Uebereinkunft zur Bekämpfung der Cholera in Dresden vom 15. April 1898 und der zur Bekämpfung von Pest in Venedig vom 19. März 1897 auf sich genommen hatte. Die in diesen internationalen Abmachungen vorgesehene gegenseitige Benachrichtigung der Vertragsstaaten über die Cholera- und Pestfälle, die in ihren Gebieten sich ereignen und über die getroffenen Vorsichts- und Abwehrmaßnahmen sowie die Vereinbarung der Einhaltung einer bestimmten Grenze bei den Sperrmaßnahmen und sonstigen Beschränkungen gegenüber dem internationalen Waaren-, Personen- und Schiffahrtsverkehre machten eine reichsgesetzliche Regelung der Abwehr und Schutzmaßnahmen, soweit sie sich auf Cholera und Pest beziehen, zum dringenden Erfordernisse.

Das Gesetz beabsichtigt indeß nicht, das weite Gebiet der Gesundheitspflege überhaupt zu regeln und Handhaben zur Hebung des Gesundheitszustandes im Allgemeinen zu schaffen. Abgesehen davon, daß es rathsam ist, diejenigen Maßnahmen, welche mehr auf dem Gebiete der Wohlfahrts- als der Medizinalpolizei liegen, den Einzelstaaten zu überlassen, würde es auch kaum angängig sein, in einem die Seuchenbekämpfung zum Gegenstande habenden Gesetze zugleich alle Maßregeln zusammenzufassen, welche sich auf die Fürsorge für einen guten Gesundheitszustand der Bevölkerung, für gute Wohnungsverhältnisse, für gesunde Luft, gutes Trinkwasser, ausreichende Ernährung, zweckentsprechende Beseitigung der Abfallstoffe 2c. beziehen. Das Gesetz beschränkt sich vielmehr im Wesentlichen darauf, ein Seuchengesetz im engeren Sinne des Wortes zu sein, d. h. eine gesetzliche Grundlage für Maßnahmen zur Abwehr und zur Bekämpfung derjenigen ansteckenden Krankheiten, welche sich erfahrungsmäßig als die schwersten und gefährlichsten darstellen und zu deren Bekämpfung außergewöhnliche, nach einheitlichen Gesichtspunkten zu treffende Maßregeln zur Anwendung kommen müssen. Diese Begrenzung entspricht auch dem bei den früheren Reichstagsverhandlungen wiederholt ausgesprochenen Wunsche, das zu erlassende Reichs-Seuchengesetz auf die wichtigsten pandemischen Krankheiten zu beschränken.

Die Krankheiten, auf welche das Gesetz sich demgemäß erstrecken soll, sind im §. 1 namentlich aufgeführt. Nur wenige Bestimmungen von allgemeiner Bedeutung (§. 35 Abs. 2, §. 38, §. 39 Abs. 3) sollen auch auf die übrigen ansteckenden Krankheiten Anwendung finden; an den betreffenden Stellen des Entwurfs ist im Gegensatze zu den im §. 1 genannten „gemeingefährlichen Krankheiten" der Ausdruck „übertragbare Krankheiten" gebraucht.

[2]) Eine wesentliche Voraussetzung für die erfolgreiche

Bekämpfung der Seuchen bildet das rasche und sichere Eingreifen der Behörden unmittelbar nach dem Seuchenausbruch. Um die Behörden hierzu in den Stand zu setzen, ist es nothwendig, dieselben so schleunig wie möglich von dem Auftreten der Krankheit zu unterrichten. Diese Anzeigen sind ferner deshalb werthvoll, weil sie eine genaue Kenntniß der einzelnen Erkrankungs- und Todesfälle in ihrem zeitlichen und örtlichen Zusammenhange ermöglichen und so eine werthvolle Grundlage für die Beurtheilung der Entstehungsbedingungen und Verbreitungsgesetze der Krankheiten abgeben. Ueber die Bedeutung der Anzeigepflicht endlich in Rücksicht auf die Bestimmungen der Dresdener und Venediger Konvention vgl. Anmerkung 1.

³) Da die Diagnose eines Krankheitsfalls oft erst durch den tödtlichen Ausgang bestätigt wird, ist es erforderlich, daß nicht nur von jeder Erkrankung, sondern auch von jedem Todesfall Anzeige erstattet wird. Die Todesanzeige bietet zugleich einen Ersatz für die etwa unterbliebene Erkrankungsanzeige und ist für die wissenschaftliche Beurtheilung und praktische Behandlung insofern von Wichtigkeit, als mittelst derselben das Verhältniß der Sterbefälle zur Zahl der Erkrankungen festgestellt werden kann.

⁴) Eine Anzeigepflicht ist nicht nur für die sicher erkannten Erkrankungsfälle, sondern auch für alle diejenigen, in welchen nur der Verdacht einer derartigen Krankheit begründet ist, um so nothwendiger, als die meisten Laien und selbst viele Aerzte nicht Gelegenheit haben werden, Fälle von asiatischer Cholera, Fleckfieber oder Pocken geschweige denn von Gelbfieber oder Pest zu beobachten, so daß Zweifel über die Natur der Krankheit namentlich bei den ersten Fällen häufig zu erwarten sind.

⁵) Mit Rücksicht auf die Verschiedenheit der Organisation und der Zuständigkeit der Behörden in den ein-

zelnen Bundesstaaten erscheint es nicht zweckmäßig, im Gesetz diejenige Stelle bestimmt festzusetzen, an welche die Anzeige zu erstatten ist. Für die Meldestelle ist deshalb die allgemeine Bezeichnung „Polizeibehörde" gewählt. Den Landesregierungen bleibt es dadurch freigestellt, diejenigen Behörden zu benennen, an welche die Anzeigen zu richten sind. Aus der Natur der Sache wird sich ergeben, daß als Meldestellen solche Behörden bestimmt werden, welche dem Publikum leicht zugänglich und zugleich im Stande sind, binnen kürzester Frist für die erforderlichen Maßnahmen gegen eine Weiterverbreitung der Krankheit Sorge zu tragen.

6) Gemäß des in §. 5 Abs. 1 gemachten Vorbehaltes (vgl. auch Anm. 1 und 2 zu §. 5) hat außer an die Polizeibehörde auch noch Anzeige zu erfolgen:
in Preußen im

1. Reg.-Bez. Königsberg bei Cholera an den Kreisphysikus.
2. Reg.-Bez. Gumbinnen bei Cholera an den Kreisphysikus.
3. Reg.-Bez. Danzig bei Cholera an den Kreisphysikus.
4. Reg.-Bez. Marienwerder bei Cholera an den Kreisphysikus.
5. Stadtkreis Berlin (mit Charlottenburg) an die Sanitätskommission (Polizeidirektion in Charlottenburg).
6. Reg.-Bez. Potsdam bei Cholera an den Kreisphysikus.
7. Reg.-Bez. Frankfurt bei Cholera an den Kreisphysikus.
8. Reg.-Bez. Stettin bei Cholera an den Kreisphysikus.
9. Reg.-Bez. Köslin bei Cholera an den Kreisphysikus.
10. Reg.-Bez. Stralsund bei Cholera an den Kreisphysikus.

11. Reg.-Bez. Posen bei Cholera an den Kreisphysikus.
12. Reg.-Bez. Bromberg bei Cholera an den Kreisphysikus.
13. Reg.-Bez. Breslau bei Cholera und Flecktyphus an den Kreisphysikus.
14. Reg.-Bez. Liegnitz bei Cholera und Flecktyphus an den Kreisphysikus.
15. Reg.-Bez. Oppeln bei Cholera und Flecktyphus an den Kreisphysikus.
16. Reg.-Bez. Magdeburg bei Cholera an den Kreisphysikus.
17. Reg.-Bez. Merseburg bei Cholera an den Kreisphysikus.
18. Reg.-Bez. Erfurt bei Cholera an den Kreisphysikus.
19. Reg.-Bez. Schleswig bei Cholera seitens des Arztes an den Kreisphysikus.
20. Reg.-Bez. Hannover bei Cholera an den Kreisphysikus.
21. Reg.-Bez. Hildesheim bei Cholera an den Kreisphysikus.
22. Reg.-Bez. Lüneburg bei Cholera an den Kreisphysikus.
23. Reg.-Bez. Stade bei Cholera an den Kreisphysikus.
24. Reg.-Bez. Osnabrück bei Cholera an den Kreisphysikus.
25. Reg.-Bez. Aurich bei Cholera an den Kreisphysikus.
26. Reg.-Bez. Münster bei Cholera, Pocken, Flecktyphus und Lepra an den Kreisphysikus.
27. Reg.-Bez. Minden bei Cholera, Pocken, Flecktyphus und Lepra an den Kreisphysikus.
28. Reg.-Bez. Arnsberg bei Cholera, Pocken, Flecktyphus und Lepra an den Kreisphysikus.

29. Reg.-Bez. Kassel bei Cholera, Pocken, Flecktyphus und Lepra an den Kreisphysikus.
30. Reg.-Bez. Wiesbaden bei Cholera, Pocken, Flecktyphus und Lepra an den Kreisphysikus.
31. Reg.-Bez. Koblenz bei Cholera an den Kreisphysikus.
32. Reg.-Bez. Düsseldorf bei Cholera an den Kreisphysikus.
33. Reg.-Bez. Köln bei Cholera an den Kreisphysikus.
34. Reg.-Bez. Trier bei Cholera an den Kreisphysikus.
35. Reg.-Bez. Aachen bei Cholera an den Kreisphysikus.
36. Reg.-Bez. Sigmaringen bei Cholera und Pocken an den Oberamtsphysikus.
37. in Bayern seitens des Arztes an die Distriktspolizeibehörde.
38. in Sachsen an den Bezirksarzt.
39. in Württemberg an den Bezirksarzt.
40. in Baden an den Bezirksarzt.
41. in Hessen seitens des Arztes an das Kreisgesundheitsamt.
42. in Mecklenburg-Schwerin an den Kreisphysikus.
43. in Sachsen-Weimar an den Physikus.
44. in Mecklenburg-Strelitz bei Cholera und Pocken an den Physikus; bei den übrigen seitens des Arztes an den Physikus.
45. in Oldenburg (Fürstenth. Lübeck) an den Physikus.
46. in Braunschweig an den Physikus.
47. in Sachsen-Meiningen an den Physikus.
48. in Sachsen-Altenburg seitens des Arztes bei Flecktyphus und Lepra an den Bezirksarzt.
49. in Sachsen-Coburg-Gotha seitens des Arztes bei Flecktyphus und Lepra an den Bezirksarzt.
50. in Anhalt seitens des Arztes bei Flecktyphus und Lepra an den Bezirksarzt.

51. in Schwarzburg-Sondershausen bei Cholera an den Bezirksphysikus.
52. in Schwarzburg-Rudolstadt bei Cholera an den Bezirksphysikus.
53. in Waldeck bei Cholera an den Bezirksphysikus.
54. in Reuß ä. L. bei Cholera an den Bezirksphysikus.
55. in Reuß j. L. bei Cholera an den Bezirksphysikus.
56. in Schaumburg-Lippe bei Cholera an den Bezirksphysikus.
57. in Lippe bei Cholera an den Bezirksphysikus.
58. in Lübeck an das Medizinalamt.
59. in Bremen an das Medizinalamt.
60. in Hamburg an das Medizinalamt.
61. in Elsaß-Lothringen an den Kreisarzt.

(Nach Rapmund und Dietrich, Aerztliche Rechts- und Gesetzeskunde, Leipzig, 1898 S. 149).

7) Vgl. §. 45 Ziffer 1.

8) Aufenthaltswechsel kann bei anscheinend leichten Erkrankungen solcher Personen wohl vorkommen, die sich zeitweilig außerhalb ihrer Familie aufhalten, wie Zöglinge von Pensions- oder Lehranstalten, Dienstboten, Geschäftsreisende und dergleichen.

9) Die Behörde des ersten Aufenthaltsortes hat ein Interesse an der Meldung, um ihre weiteren Schutzmaßregeln, insbesondere die etwa anzuordnende Desinfektion der bisherigen Unterkunftsräume des Erkrankten danach einrichten zu können. Am neuen Aufenthaltsorte liegen die Verhältnisse für die Behörde nicht anders, als wenn die Erkrankung erst hier eingetreten wäre.

10) Die Anzeigepflicht entsteht für den bisherigen Aufenthaltsort mit dem Augenblick der Abreise, für den neuen Aufenthaltsort mit dem Augenblicke der Ankunft.

§. 2.

Zur Anzeige sind verpflichtet:

1. der zugezogene Arzt,[1])
2. der Haushaltungsvorstand,[2])
3. jede sonst mit der Behandlung[3]) oder Pflege des Erkrankten beschäftigte Person,
4. derjenige, in dessen Wohnung oder Behausung[4]) der Erkrankungs- oder Todesfall sich ereignet hat,
5. der Leichenschauer.[5])

Die Verpflichtung der unter Nr. 2 bis 5 genannten Personen tritt nur dann ein,[6]) wenn ein früher genannter Verpflichteter nicht vorhanden ist.[7])

[1]) Da vor allen Anderen der Arzt vermöge seiner wissenschaftlichen Kenntnisse und seiner Erfahrung, im Stande ist, zu erkennen, ob es sich im Einzelfall um eine anzeigepflichtige Krankheit handelt, so ist an erster Stelle dem zur Behandlung oder Konsultation oder zur Besichtigung der Leiche zugezogenen Arzte die Anzeigepflicht auferlegt.

Was die Kollision der ärztlichen Anzeigepflicht mit der Verpflichtung zur Wahrung des ärztlichen Berufsgeheimnisses angeht, so liegt die rechtzeitige Ermittelung des Ausbruchs einer gemeingefährlichen Krankheit so im dringenden öffentlichen Interesse, daß hinter diesem das Privatinteresse der von einem Arzte behandelten Personen zurücktreten muß.

[2]) Da die Zuziehung eines Arztes erfahrungsgemäß nicht in jedem Krankheitsfall erfolgt, so muß Vorsorge getroffen werden, daß in Ermangelung eines Arztes andere anzeigepflichtige Personen vorhanden sind. Für die Auswahl und Reihenfolge der übrigen zur Anzeige Ver-

pflichteten war die Absicht maßgebend, für alle im gewöhnlichen Leben vorkommenden Verhältnisse eine Person zu bezeichnen, der die Pflicht zur Anzeige obliegt.

Der Haushaltungsvorstand ist in der Reihenfolge der anzeigepflichtigen Personen unmittelbar hinter den Arzt gesetzt worden, weil bei den meisten Erkrankungs- und Todesfällen ein Haushaltungsvorstand vorhanden ist, und daher die Benachrichtigung der Polizeibehörde am ehesten sichergestellt ist, wenn diesem unmittelbar nach dem Arzte die Anzeigeerstattung zur Pflicht gemacht wird.

Diejenige Person, hinsichtlich deren eine Anzeige zu erstatten ist, ist selbst nicht zur Anzeige verpflichtet. Ist der Haushaltungsvorstand selbst die erkrankte oder ansteckungsverdächtige Person und ein Arzt nicht zugezogen, so tritt, da in diesem Falle der Haushaltungsvorstand als zur Anzeige Verpflichteter ausscheidet, die Verpflichtung für die weiteren unter Nr. 3 bis 5 genannten Personen nach der gesetzlichen Reihenfolge ein.

3) Also der etwa die Behandlung leitende Kurpfuscher.

4) Es soll durch diese Vorschrift dem thatsächlichen Inhaber der Wohnung oder Behausung, in welcher ein Erkrankungs- oder Todesfall sich ereignet hat, nicht etwa dem Eigenthümer des Hauses oder dem Hauswirth als solchem, die Anzeigeflicht auferlegt werden.

5) Die Anzeigepflicht des Leichenschauers kann selbstverständlich nur in denjenigen Staaten eintreten, in denen die Leichenschau überhaupt besteht oder doch auf Grund des §. 10 zeitweilig eingeführt worden ist.

6) Im Falle eines Aufenthaltswechsels (vgl. §. 1 Abs. 2 und Anmerkungen dazu) bestimmt sich die Anzeigepflicht am bisherigen Aufenthaltsorte nach den Verhältnissen, welche der Kranke dort verläßt, am neuen Aufenthaltsorte nach den Beziehungen, in welche er hier eintritt.

7) Eine Strafverfolgung wegen unterlassener Anzeige tritt nach §. 44 Nr. 1 nicht ein, wenn die Anzeige zwar

nicht von dem zunächst Verpflichteten, aber dennoch anderweit rechtzeitig erstattet worden ist, weil dem gesundheitlichen Interesse Genüge geleistet ist, wenn der zuständigen Behörde überhaupt von dem Krankheitsfalle Kenntniß gegeben wird.

§. 3.

Für Krankheits- und Todesfälle,[1]) welche sich in öffentlichen Kranken-, Entbindungs-, Pflege-, Gefangenen- und ähnlichen Anstalten[2]) ereignen, ist der Vorsteher der Anstalt oder die von der zuständigen Stelle damit beauftragte Person ausschließlich zur Erstattung der Anzeige verpflichtet.

Auf Schiffen oder Flößen gilt als der zur Erstattung der Anzeige verpflichtete Haushaltungsvorstand der Schiffer oder Floßführer oder deren Stellvertreter.[3]) Der Bundesrath ist ermächtigt, Bestimmungen darüber zu erlassen, an wen[4]) bei Krankheits- und Todesfällen, welche auf Schiffen oder Flößen vorkommen, die Anzeige zu erstatten ist.

[1]) Welche Krankheits- und Todesfälle anzuzeigen sind, richtet sich nach der Bestimmung in §. 1 des Gesetzes. Inbegriffen sind daher auch die dort aufgeführten Verdachtsfälle.

[2]) Vgl. auch die §§. 20 und 58 des Gesetzes über die Beurkundung des Personenstandes u. s. w. vom 6. Februar 1875.

[3]) Da auf Schiffen und Flößen ein Haushaltungsvorstand im gewöhnlichen Sinne des Wortes nicht vorhanden zu sein pflegt.

4) Vielfach wird es im Schiffahrts- und Flößereiverkehr für die Betheiligten mit großen Schwierigkeiten verbunden sein, die Anzeige an diejenige Polizeibehörde zu erstatten, in deren Bezirk die Erkrankung oder der Todesfall eingetreten ist. Unter Umständen ist der Schiffer gar nicht in der Lage, zu beurtheilen, in welchem Polizeibezirk er sich im entscheidenden Zeitpunkte befindet. Für den Seeschiffsverkehr wird im Allgemeinen die Polizeibehörde des ersten, nach Eintritt der anzeigepflichtigen Thatsache angelaufenen deutschen Hafenplatzes als zuständig zu bezeichnen sein, indessen können besondere Verhältnisse eine abweichende Regelung erheischen. Für den Binnenschiffs- und Flößereiverkehr ist es noch schwerer, allgemeine Regeln aufzustellen.

§. 4.

Die Anzeige kann mündlich[1]) oder schriftlich erstattet werden. Die Polizeibehörden[2]) haben auf Verlangen Meldekarten[3]) für schriftliche Anzeigen unentgeltlich[4]) zu verabfolgen.

1) Die mündliche Anzeige kann auch durch eine dritte nicht anzeigepflichtige Person geschehen.

2) Vgl. Anm. 6 zu §. 1.

3) Werden die Karten zur Bestellung der Post übergeben, so brauchen sie von dem Anzeigepflichtigen nicht frankirt zu werden, sondern gehen, wenn mit dem Vermerk „Portopflichtige Dienstsache" versehen, auf Kosten der empfangenden Behörde.

4) Die Frage, wem die Kosten des Meldewesens zur Last fallen, entscheidet sich nach Landesrecht. Das Gesetz geht davon aus, daß diese Kosten einschließlich des Portos für die Anzeigen zu den sächlichen Ausgaben der Polizeiverwaltung gehören und daß derjenige dafür aufzukommen

hat, welcher nach der landesrechtlichen Bestimmung die zuletzt erwähnte Last trägt.

§. 5.

Landesrechtliche Bestimmungen,[1]) welche eine weitergehende[2])[3]) Anzeigepflicht begründen, werden durch dieses Gesetz nicht berührt.[3])

Durch Beschluß des Bundesraths können die Vorschriften über die Anzeigepflicht[4]) (§§. 1 bis 4) auf andere[5]) als die im §. 1 Abs. 1 genannten übertragbaren Krankheiten ausgedehnt[6]) werden.

[1]) Es kommen in Betracht im:

1. Reg.Bez. Königsberg. Regul. v. 8. August 1835. Prov.Pol.Ver. v. 16. Nov. 1885 (Wochenbettfieber) verschied. Reg.Pol.Ver., z. B. v. 11. Febr. 1897 (Lepra), Minist.Erl. v. 27. Februar 1900 (Schälblasen der Neugeborenen).

2. Reg.Bez. Gumbinnen. Regul. v. 8. Aug. 1835. Reg.Pol.Ver. v. 30. Juni 1884 (Diphtherie), v. 17. Febr. 1889 (epid. Kopfgenickstarre), v. 11. Febr. 1897 (Lepra), Prov.Pol.Ver. v. 16. Nov. 1885 (Wochenbettfieber), Minist.Erl. v. 27. Febr. 1900 (Schälblasen d. N.).

3. Reg.Bez. Danzig. Regul. v. 8. Aug. 1835. Prov.-Pol.Ver. v. 1. März 1889 (epid. Kopfgenickstarre), Reg.-Pol.Ver. v. 21. Okt. 1884 (Diphtherie), (Lepra) v. 28. Okt. 1884 (Wochenbettfieber), v. 16. März 1897 Minist.Erl. v. 27. Febr. 1900 (Schälblasen d. N.).

4. Reg.Bez. Marienwerder. Regul. v. 8. Aug. 1835. Prov.Pol.Ver. v. 1. März 1889 (epid. Kopfgenickstarre), Reg.Pol.Ver. v. 14. Juni 1884 (Diptherie), v. 26. Nov. 1884 (Wochenbettfieber), v. 8. Febr. 1897 (Lepra), Minist.-Erl. v. 27. Febr. 1900 (Schälblasen d. N.).

5. Stadtkr. Berlin (mit Charlottenburg). Regul. v. 8. Aug. 1835. Bekanntm. bezw. Pol.Ver. v. 5. Mai 1871 (Trichinose), v. 31. Aug. 1884 (Diphtherie), v. 12. Juli 1887 (Wochenbettfieber), v. 31. März 1889 (epid. Kopfgenickstarre), Pol.Ver. v. 16. Sept. 1896 (Schälblasen d. N.) v. 12. März 1897 (Lepra), Minist.Erl. v. 27. Febr. 1900 (Schälblasen d. N.).

6. Reg.Bez. Potsdam. Regul. v. 8. Aug. 1835. Prov.Pol.Ver. v. 11. Dez. 1879 (Diphtherie und Wochenbettfieber), v. 14. Dez. 1888 (epid. Kopfgenickstarre), Reg.-Pol.Ver. v. 18. Febr. 1897 (Lepra), Minist.Erl. v. 27. Febr. 1900 (Schälblasen d. N.).

7. Reg.Bez. Frankfurt. Wie unter 6, nur für Lepra ist die Anzeigepflicht durch Reg.Pol.Ver. v. 3. Febr. 1897 eingeführt.

8. Reg.Bez. Stettin. Regul. v. 8. Aug. 1835. Prov.-Pol.Ver. v. 18. Febr. 1889 (epid. Kopfgenickstarre), v. 24. Juni 1897 (Diphtherie und Wochenbettfieber). Reg.-Pol.Ver. v. 24. Apr. 1897 (Lepra), Minist.Erl. v. 27. Febr. 1900 (Schälblasen d. N.).

9. Reg.Bez. Köslin. Wie unter 8, nur für Lepra ist die Anzeigepflicht durch Reg.Pol.Ver. v. 3. Febr. 1897 eingeführt.

10. Reg.Bez. Stralsund. Wie unter 8, nur für Lepra ist die Anzeigepflicht durch Reg.Pol.Ver. v. 4. Aug. 1897 eingeführt.

11. Reg.Bez. Posen. Regul. v. 8. Aug. 1835 und verschiedene Reg.Pol.Ver. z. B. v. 2. März 1897 (Lepra), Minist.Erl. v. 27. Febr. 1900 (Schälblasen d. N.).

12. Reg.Bez. Bromberg. Regul. v. 8. Aug. 1835. Reg.Pol.Ver. v. 12. Juni 1884 (Diphtherie), v. 8. Juni 1889 (epid. Kopfgenickstarre), v. 8. März 1897 (Lepra), Minist.Erl. v. 27. Febr. 1900 (Schälblasen d. N.).

13. Reg.Bez. Breslau. Regul. v. 8. Aug. 1835.

Prov.Pol.Ver. v. 20. Okt. 1884 (Wochenbettfieber und Augenentzündung d. N.), v. 10. Aug. 1887 (Diptherie), v. 13. April 1889 (epid. Kopfgenickstarre), Reg.Pol.Ver. v. 22. März 1897 (Lepra), Minist.Erl. v. 27. Febr. 1900 (Schälblasen d. N.).

14. Reg.Bez. Liegnitz. Wie unter 13, für Lepra ist jedoch die Reg.Pol.Ver. v. 8. Febr. 1897 maßgebend.

15. Reg.Bez. Oppeln. Wie unter 13, für Lepra jedoch ist die Reg.Pol.Ver. v. 4. März 1897 bestimmend.

16. Reg.Bez. Magdeburg. Regul. v. 8. Aug. 1835. Reg.Pol.Ver. v. 16. Juni 1884 (Kindbettfieber und Diphtherie), v. 21. Febr. 1889 (epid. Kopfgenickstarre), 7. Sept. 1893 (Cholera), v. 11. März 1897 (Lepra), Minist.Erl. v. 27. Febr. 1900 (Schälblasen d. N.).

17. Reg.Bez. Merseburg. Regul. v. 8. Aug. 1835. Reg.Pol.Ver. v. 3. Okt. 1884 (Wochenbettfieber), v. 27. Aug. 1884 (Diphtherie), 3. Juni 1889 (epid. Kopfgenickstarre) 13. März 1897 (Lepra), 23. Febr. 1897 (Granulose), Minist.Erl. v. 28. Febr. 1900 (Schälblasen d. N.).

18. Reg.Bez. Erfurt. Regul. v. 8. Aug. 1835. Reg.-Pol.Ver. v. 5. Sept. 1881 (Diphtherie und Wochenbettfieber), v. 18. Okt. 1886 (Anzeigepflicht f. Kurpfuscher), 20. Mai 1889 (epid. Kopfgenickstarre), 5. Aug. 1892 (Cholera), und 30. März 1897 (Lepra), Minist.Erl. v. 29. Febr. 1900 (Schälblasen d. N.).

19. Reg.Bez. Schleswig. Reg.Pol.Ver. v. 1. Sept. 1893, v. 9. Febr. 1897 (Lepra), Minist.Erl. v. 27. Febr. 1900 (Schälblasen d. N.).

20. Reg.Bez. Hannover. Reg.Pol.Ver. v. 23. Juli 1881, v. 23. Febr. 1882, v. 17. April 1885, v. 1. März 1897 (Lepra), Bekanntm. v. 20. April u. 30. Mai 1895, Minist.Erl. v. 23. Febr. 1900 (Schälblasen d. N.).

21. Reg.Bez. Hildesheim. Pol.Ver. v. 28. Nov. 1882, v. 15. März 1897 (Lepra), Minist.Erl. v. 27. Febr. 1900 (Schälblasen d. N.).

22. Reg.Bez. Lüneburg. Reg.Pol.Ver. v. 23. Febr. 1889, v. 31. März 1897 (Lepra). Verfüg. v. 11. Mai 1898 (Schälblasen), Minist.Erl. v. 27. Febr. 1900 (Schälblasen d. N.).

23. Reg.Bez. Stade. Reg.Pol.Ver. v. 11. Okt. 1889 nebst Ausführungsanweisung v. 3. Dez. 1889. Pol.Ver. v. 27. Febr. 1897 (Lepra), Minist.Erl. v. 27. Febr. 1900 (Schälblasen d. N.).

24. Reg.Bez. Osnabrück. Reg.Pol.Ver. v. 21. Febr. 1870, v. 14. Dez. 1872, v. 12. Dez. 1883, v. 13. März 1889, v. 28. Juli 1892, v. 8. April 1897 (Lepra), Minist. Erl. v. 27. Febr. 1900 (Schälblasen d. N.).

25. Reg.Bez. Aurich. Reg.Pol.Ver. v. 30. Mai 1889 nebst Ausführungsanweisung v. 26. Juli 1889 u. Pol.-Ver. v. 26. Febr. 1897 (Lepra), Minist.Erl. v. 27. Febr. 1900 (Schälblasen d. N.).

26. Reg.Bez. Münster. Regul. v. 8. Aug. 1835. Reg.Pol.Ver. v. 12. Juli 1897. Minist.Erl. v. 27. Febr. 1900 (Schälblasen d. N.).

27. Reg.Bez. Minden. Regul. v. 8. Aug. 1835. Reg.Pol.Ver. v. 10. Aug. 1891 nebst Ausführungsanweisung v. 5. April 1892, Reg.Pol.Ver. v. 2. Febr. 1897 (Lepra), Minist.Erl. v. 27. Febr. 1900 (Schälblasen d. N.)

28. Reg.Bez. Arnsberg. Regul. v. 8. Aug. 1835. Reg. Pol.Ver. v. 16. Juli 1897, v. 24. März 1898 (Ankylostomiasis, Tuberkulose), Minist.Erl. v. 27. Febr. 1900 (Schälblasen d. N.).

29. Reg.Bez. Kassel. Reg.Pol.Ver. v. 30. Nov. 1877, v. 17. Dez. 1880 (Kindbettfieber), v. 22. Jan. 1897 (Lepra), Minist.Erl. v. 27. Febr. 1900 (Schälblasen d. N.).

30. Reg.Bez. Wiesbaden. Reg.Pol.Ver. v. 28. Aug. 1882, v. 15. März 1894 (epid. Genickstarre), 7. Sept. 1892 (Cholera), 15. März 1897 (Lepra), Minist.Erl. v. 27. Febr. 1900 (Schälblasen d. N.).

31. Reg.Bez. Koblenz. Regul. v. 8. Aug. 1835. Prov.Pol.Ver. v. 22. Nov. 1889 (epid. Kopfgenickstarre), v. 2. April 1891 (Wochenbettfieber). Reg.Pol.Ver. v. 10. Mai 1893, v. 9. Juni 1897 (Lepra), Minist.Erl. v. 27. Febr. 1900 (Schälblasen d. N.).

32. Reg.Bez. Düsseldorf. Regul. v. 8. Aug. 1835. Prov.Pol.Ver. v. 22. Nov. 1889 (epid. Kopfgenickstarre), v. 2. April 1891 (Wochenbettfieber). Reg.Pol.Ver. v. 1. Aug. 1887, v. 31. März 1897 (Lepra), Minist.Erl. v. 27. Febr. 1900 (Schälblasen d. N.).

33. Reg.Bez. Köln. Regul. v. 8. Aug. 1835. Prov.-Pol.Ver. v. 22. Nov. 1889 (epid. Kopfgenickstarre), v. 2. April 1891 (Wochenbettfieber), Reg.Pol.Ver. v. 26. Juni 1895 (Diphtherie und Scharlach), v. 22. Febr. 1897 (Lepra), Minist.Erl. v. 27. Febr. 1900 (Schälblasen d. N.).

34. Reg.Bez. Trier. Regul. v. 8. Aug. 1835. Prov.-Pol.Ver. v. 22. Nov. 1889 (epid. Kopfgenickstarre), v. 2. April 1891 (Wochenbettfieber), Reg.Pol.Ver. v. 5. Mai 1884 (Diphtherie), v. 4. März 1897 (Lepra), Minist.Erl. v. 27. Febr. 1900 (Schälblasen d. N.).

35. Reg.Bez. Aachen. Regul. v. 8. Aug. 1835. Prov.-Pol.Ver. v. 22. Nov. 1889 (epid. Kopfgenickstarre), v. 2. April 1891 (Wochenbettfieber), Reg.Pol.Ver. v. 23. April 1884 (Diphtherie), v. 1. April 1897 (Lepra), Minist.Erl. v. 27. Febr. 1900 (Schälblasen d. N.).

36. Reg.Bez. Sigmaringen. Reg.Pol.Ver. v. 20. März 1896, v. 9. März 1897 (Lepra), Minist.Erl. v. 27. Febr. 1900 (Schälblasen d. N.).

37. Bayern. Allerhöchste Ver. v. 22. Juli 1891. Bekanntm. v. 3. Sept. 1892 bezw. 22. Juli 1893 (Cholera).

38. Sachsen. Minist.Ver. v. 19. Jan. 1886 (Pocken), v. 9. Mai 1890 (Cholera, Diphtherie, Unterleibstyphus, Scharlach), v. 16. Nov. 1897 (Wochenbettfieber), Heb-

ammeninstruktion vom 22. Juni 1892 (Augenentzündung d. N.).

39. Württemberg. Minist.Ver. v. 5. Febr. 1872, v. 29. Okt. 1883, 1. Aug. 1893 (Cholera).

40. Baden. Dienstanweisung für die Hebammen des Großherzogth. vom 22. Nov. 1879 (Kindbettfieber), Minist.Ver. v. 28. Febr. 1880 (Rückfallfieber), v. 30. Dez. 1881 (Anzeige von ansteckenden Krankheiten), 26. Aug. 1893 (Cholera), 18. Nov. 1893 (Typhus), 8. Dez. 1894, 6. Mai 1897 (Diphtherie, Croup, Scharlach, Masern, Keuchhusten).

41. Hessen. Pol.Str.Gesetz v. 30. Okt. 1855; bes. Lokal-Pol.Regl. für jeden Kreis, z. B. für den Kreis Offenbach durch Ver. v. 7. April 1897.

42. Mecklenburg-Schwerin. Mediz.-Ordnung v. 18. Febr. 1830, Ver. v. 13. März 1888, v. 30. Okt. 1893, v. 21. Juli 1886 (Cholera), v. 12. Okt. 1897 (Lepra), v. 14. Juni 1898 (Granulose), Bekanntm. v. 25. Aug. 1886 (Diphtherie), Ver. v. 9. April 1885 (Kindbettfieber).

43. Sachs.-Weimar. Verord. v. 23. Febr. 1876. Bekanntm. v. 15. Mai 1865 (Tollwuth), v. 28. Nov. 1875 (Pocken), v. 27. Juli 1893 (Cholera). Dienstanweisung f. Hebammen vom 18. Juni 1896 (Wochenbettfieber).

44. Mecklenburg-Strelitz. Mediz.-Ordnung v. 6. Mai 1840. Ver. v. 9. März 1872 (Pocken), 21. März 1886, 5. Aug. u. 6. Sept. 1893 (Cholera), 19. Juli 1883, 25. Okt. 1886 (Diphtherie).

45. für Oldenburg. Hebammeninstruktion. Herzogth. Oldenburg: Bekanntm. v. 26. Febr. 1894. Fürstenth. Birkenfeld: Bekanntm. v. 12. März 1894 u. 8. Januar 1898. Fürstenth. Lübeck: Bekanntm. v. 14. Nov. 1898.

46. Braunschweig. Med.Ges. vom 25. Okt. 1865. (§. 34), Pol.Str.G.B. v. 22./31. Dez. 1870 (§. 8 Ziffer 1),

Min.Erl. v. 17. Apr. 1889. Verf. v. 2. Sept. 1892 (Cholera).

47. Sachs.-Meiningen. Verord. v. 9. Nov. 1886 u. v. 21. Dez. 1888 (Genickstarre), v. 20. Okt. 1894 (Kindbettfieber).

48. Sachs.-Altenburg. Min.Verord. v. 1. Juli 1873 (Pocken), v. 23. Juli 1884 (Cholera), v. 25. August 1884 (Auftreten ansteckender Krankheiten in Schulen), v. 14. Sept. 1889 (Kindbettfieber), v. 20. August 1899.

49. Sachs.-Coburg-Gotha. Verordn. v. 9. Febr. 1882, v. 20. Jan. 1891.

50. Anhalt. Verord. v. 15. Okt. 1882, v. 24. Mai 1886, v. 7. April 1897.

51. Schwarzburg-Sondershausen. Verord. v. 14. Dez. 1892.

52. Schwarzburg-Rudolstadt. Verord. v. 6. Juni 1890, v. 2. Sept. 1892 (Cholera), Polizei-Strafgesetz v. 9. März 1855.

53. Waldeck. Verord. v. 11. Febr. 1880, 11. April 1882, 22. Mai 1885, 7. Dez. 1872, 29. Okt. 1897.

54. Reuß ä. L. Verord. v. 16. Dez. 1884, v. 1. Aug. 1892 (Cholera).

55. Reuß j. L. Verord. v. 21. Febr. 1894.

56. Schaumburg-Lippe. Pol.Verord. v. 11. Okt. 1887, v. 27. Febr. 1888, v. 18. Juni 1889.

57. Lippe. Verord. v. 5. Juli 1888.

58. Lübeck. Verord. v. 24. Okt. 1891, v. 5. Juni, v. 25. Aug. u. 4. Dez. 1897. Instruktion f. d. Hebammen v. 19. Febr. 1889 nebst Nachtrag v. 12. Nov. 1896.

59. Bremen. Medizinalordnung v. 2. August 1878, Verord. v. 5. Nov. 1879, v. 18. Mai u. 12. Dez. 1881, v. 11. Dez. 1890, v. 18. Nov. 1892, v. 15. März

u. 1. Dez. 1894, v. 19. Nov. 1895, 12. März u. 2. Juni 1897 (Lepra). Hebammeninstruktion vom 24. Febr. 1882.

60. Hamburg. Aerzteordnung v. 21. Dez. 1894, Verord. v. 31. Dez. 1894, v. 27. Aug. 1897 (Lepra), Medizinalordnung v. 29. Dez. 1899. Dienstanweisung f. d. Hebammen v. 1. Juni 1900.

61. Elsaß-Lothringen. Verord. d. Generalgouvernements v. 20. Jan. 1871 (Pocken), sowie Bez.-Polizeiverordnungen die für die drei Bezirke gleichlautend sind z. B. für Unterelsaß v. 10. Aug. 1895, für Oberelsaß v. 22. Aug. 1895, Ministerialerlaß v. 3. Aug. 1895, Verfügung d. Oberschulraths v. 29. August 1884 (Ansteckende Krankheiten in den Schulen). Hebammenordnung v. 24. Mai 1889. Kantonal-Arztordnung von 1891/92. (Nach Rapmund und Dietrich, Aerztliche Rechts- und Gesetzeskunde. Leipzig 1898, S. 150.)

[2]) Es giebt eine Anzahl ansteckender Krankheiten, welche wegen ihrer geringeren räumlichen Verbreitungsfähigkeit nicht als unbedingt gemeingefährlich betrachtet werden können, die aber doch zeitweise an einzelnen Orten in so schwerer Form auftreten, daß es geboten erscheint, ihrer Weiterverbreitung mit sanitätspolizeilichen Maßregeln entgegenzuwirken. Dahin gehören beispielsweise Darmtyphus, Rückfallfieber, Ruhr (Dysenterie), sowie gewisse ansteckende Augenkrankheiten, Genickstarre. Den Landesregierungen soll die im Landrechte begründete Befugniß nicht genommen werden, zur Bekämpfung derartiger Krankheiten die Anzeigepflicht einzuführen oder wo sie besteht, beizubehalten (vgl. Anm. 3). Um dies zum Ausdruck zu bringen, ist im Abs. 1 des §. 5 ein entsprechender Vorbehalt gemacht. Durch diesen Vorbehalt ist es auch ermöglicht, daß dort, wo landesrechtlich eine doppelte Anzeige (z. B. an die Polizeibehörde und an den Amtsarzt) vorgeschrieben ist, diese Einrichtung bei-

behalten (vgl. Anm. 6 zu §. 1), oder daß landesrechtlich eine solche Einrichtung eingeführt werden kann.

³) Die nachstehende Tabelle (aufgestellt unter Benutzung der Angaben von Rapmund und Dietrich. Aerztliche Rechts- und Gesetzeskunde. Leipzig 1898 bei Georg Thieme) giebt an, welche ansteckenden Krankheiten noch neben den gemeingefährlichen (§. 1 Abs. 1) gegenwärtig in den einzelnen Bundesstaaten der Anzeigepflicht unterliegen (vergl. auch Anm. 1).

In dieser Aufstellung bedeutet das Zeichen a, daß die Anzeigepflicht für alle Krankheitsfälle der genannten Art besteht, das Zeichen b, daß die Anzeigepflicht nur unter gewissen Umständen zu erfüllen ist oder angeordnet werden kann.

⁴) Die Abwehr und Bekämpfung aller übrigen in §. 1 Abs. 1 nicht genannten ansteckenden Krankheiten soll wie dies im §. 48 ausdrücklich bemerkt ist, nach wie vor Sache der Einzelstaaten bleiben.

⁵) Als Krankheiten, bezüglich deren eine Ausdehnung der Anzeigepflicht durch den Bundesrath gegebenen Falles soll beschlossen werden können, kommen hauptsächlich Darmtyphus, Rückfallfieber, Ruhr, sowie gewisse ansteckende Augenkrankheiten und Genickstarre in Betracht. Die Einbeziehung der geschlechtlichen Krankheiten in die Anzeigepflicht auf Grund des §. 5 Abs. 2 ist als ausgeschlossen zu betrachten.

⁶) Es rechtfertigt sich dadurch, daß zuweilen auch andere Krankheiten als die gemeingefährlichen einen Umfang annehmen können, der es erwünscht erscheinen läßt, mittelst Einführung der Anzeigepflicht einen zuverlässigen Einblick über die Ausdehnung der Krankheit und ihren bedrohlichen Charakter für größere Länderstriche zu ermöglichen.

Vgl. Anm. 3 zu §. 5.

	Königsberg	Gumbinnen	Danzig	Marienwerd.	Berlin	Potsdam	Frankfurt	Stettin	Köslin	Stralsund	Posen	Bromberg	Breslau
	1	2	3	4	5	6	7	8	9	10	11	12	13
Epidem. Kopf-, Genickstarre	a	a	a	a	a	a	a	a	a	a	a	a	a
Rückfallfieber	a	a	a	a	a	a	a	a	a	a	a	a	a
Unterleibstyphus	a	a	a	a	a	a	a	a	a	a	a	a	a
Diphterie	a	a	a	a	a	a	a	a	a	a	b	b	a
Scharlach	b	b	b	b	b	b	b	b	b	b	b	b	b
Masern	b	b	b	b	b	b	b	b	b	b	b	b	b
Rötheln	b	b	b	b	b	b	b	b	b	b	b	b	b
Ruhr	b	b	b	b	b	b	b	b	b	b	b	b	b
Kindbettfieber	a	a	a	a	a	a	a	a	a	a	a	a	a
Augenentzündung der Neugeborenen	—	—	—	—	—	—	—	—	—	—	—	—	a
Schälblasen der Neugeborenen	b	b	b	b	b	b	b	b	b	b	b	b	b
Granulöse kontagiöse Augenentzündung	b	b	b	b	b	b	b	b	b	b	b	b	b
Syphilis	b	b	b	b	b	b	b	b	b	b	b	b	b
Krätze	b	b	b	b	b	b	b	b	b	b	b	b	b
Trichinose	a	a	a	a	a	a	a	a	a	a	a	a	a
Tollwuth	a	a	a	a	a	a	a	a	a	a	a	a	a
Milzbrand	a	a	a	a	a	a	a	a	a	a	a	a	a
Rotz	a	a	a	a	a	a	a	a	a	a	a	a	a
Influenza	b	—	—	—	—	—	—	—	—	—	—	—	—
Keuchhusten	b	—	—	—	—	—	—	—	—	—	—	—	—
Mumps	b	—	—	—	—	—	—	—	—	—	—	—	—
Erysipelas	—	—	—	—	—	—	—	—	—	—	—	—	—
Weichselzopf	a	a	a	a	a	a	a	a	a	a	a	a	a
Bösartiger Kopfgrind	—	—	—	—	—	—	—	—	—	—	—	—	—
Tuberkulose	—	—	—	—	b	—	—	—	—	—	—	—	—
Brandige Lungenentzündung	—	—	—	—	—	—	—	—	—	—	—	—	—
Malaria	—	—	—	—	—	—	—	—	—	—	—	—	—
Kroupöse Lungenentzündung	b	—	—	—	—	—	—	—	—	—	—	—	—
Wurmkrankheit (Akylostomasis)	—	—	—	—	—	—	—	—	—	—	—	—	—

ußen. **Regierungsbezirk:**

Merseburg 17	Erfurt 18	Schleswig 19	Hannover 20	Hildesheim 21	Lüneburg 22	Stade 23	Osnabrück 24	Aurich 25	Münster 26	Minden 27	Arnsberg 28	Kassel 29	Wiesbaden 30	Koblenz 31	Düsseldorf 32	Köln 33	Trier 34	Aachen 35	Sigmaringen 36
a	a	a	a	a	a	a	a	a	a	a	a	a	a	a	a	a	a	a	a
a	a	a	a	a	a	a	a	a	a	a	a	b	a	a	a	a	a	a	a
a	a	a	a	a	a	a	a	a	a	a	a	b	a	a	a	a	a	a	a
b	a	a	a	a	b	b	a	a	a	a	a	b	a	a	a	a	b	a	a
b	b	a	a	a	a	a	a	a	a	a	a	b	a	b	a	a	b	a	a
b	b	a	a	a	a	a	a	a	b	b	b	—	a	b	b	b	b	b	a
b	b	a	—	—	a	—	a	—	b	b	b	—	—	b	b	b	b	b	a
b	b	a	a	—	a	a	a	a	a	a	a	b	b	b	a	b	b	a	a
a	a	a	a	a	a	a	a	a	a	a	a	a	a	a	a	a	a	a	a
—	—	—	—	—	a	—	—	—	—	—	—	—	—	—	—	—	—	—	—
b	b	b	b	b	b	b	b	b	b	b	b	b	b	b	b	b	b	b	b
b	b	—	a	—	—	a	a	—	b	b	b	b	b	b	b	b	b	b	a
b	b	—	—	—	—	—	—	—	b	b	b	—	—	b	b	b	b	b	—
b	b	—	—	—	—	—	a	—	b	b	b	—	—	b	b	b	b	b	b
a	a	a	a	—	a	a	—	a	a	a	a	a	a	a	a	a	a	a	a
a	a	a	a	—	a	a	—	a	a	a	a	a	a	a	a	a	a	a	a
a	a	a	a	—	a	a	—	a	a	a	a	a	a	a	a	a	a	a	a
a	a	a	a	—	a	a	—	a	a	a	a	a	a	a	a	a	a	a	a
—	—	—	—	—	—	—	—	—	—	—	—	—	—	—	—	—	—	—	—
—	—	b	—	.	—	—	a	—	—	—	—	—	—	—	b	b	—	—	b
—	—	—	—	—	—	—	—	—	—	—	—	—	—	—	b	—	—	—	—
—	—	—	—	—	—	—	—	—	—	—	—	—	—	—	—	—	—	—	—
a	a	—	—	—	—	—	—	—	—	—	—	—	—	a	a	a	a	a	—
—	—	—	—	—	—	—	a	—	—	—	—	—	—	—	—	—	—	—	—
—	—	—	—	—	—	—	—	—	—	—	a	—	—	—	—	—	—	b	—
—	—	—	—	—	—	—	—	—	—	—	—	—	—	—	—	—	—	—	—
—	—	—	—	—	—	—	—	—	—	—	—	—	—	—	—	—	—	—	—
—	—	b	—	—	—	—	—	—	—	—	—	—	—	—	—	—	—	—	—
—	—	—	—	—	—	—	—	—	—	—	a	—	—	—	—	—	—	—	—

	Bayern	Sachsen	Württemberg	Baden	Hessen	Mecklenburg-Schwerin	Sachsen-Weimar	Mecklenburg-Strelitz	Oldenburg
	37	38	39	40	41	42	43	44	45
Epidem. Kopf-, Genickstarre	a	—	—	—	a	a	b	—	a*
Rückfallfieber	a	a	b	a	a	a	b	b	a*
Unterleibstyphus	a	a	b	a	a	a	b	b	a
Diphtherie	b	a	b	a	a	a	b	b	a
Scharlach	b	a	b	a	a	a	b	b	a
Masern	b	—	b	b	b	b	b	b	a*
Rötheln	—	—	—	—	b	b	b	b	—
Ruhr	a	—	b	b	a	a	b	b	a*
Kindbettfieber	a	a	—	a	a	a	a	a	a
Augenentzündung der Neugeborenen	—	b	—	—	—	—	—	—	—
Schälblasen der Neugeborenen	—	—	—	—	—	—	—	—	—
Granulöse kontagiöse Augenentzündung	b	—	—	—	b	—	b	—	—
Syphilis	—	—	—	—	—	—	b	—	—
Krätze	—	—	—	—	—	—	b	—	—
Trichinose	a	—	—	—	a	a	a	—	a*
Tollwuth	a	—	a	—	a	a	a	—	a*
Milzbrand	a	—	—	—	a	a	b	—	—
Rotz	a	—	—	—	a	a	b	—	a*
Influenza	b	—	—	—	—	—	—	—	—
Keuchhusten	b	—	—	b	—	—	—	—	a*
Mumps	—	—	—	—	—	—	—	—	—
Erysipelas	—	—	—	—	—	—	—	—	—
Weichselkopf	—	—	—	—	—	—	—	—	—
Bösartiger Kopfgrind	—	—	—	—	—	—	—	—	—
Tuberkulose	—	—	—	—	—	—	—	—	—
Brandige Lungenentzündung	—	—	—	—	—	—	—	—	—
Malaria	—	—	—	—	—	—	—	—	—
Kroupöse Lungenentzündung	—	—	—	—	—	—	—	—	—
Wurmkrankheit (Ankylostomasis)	—	—	—	—	—	—	—	—	—

*) Nur im Fürstenthum Lübeck anzeigepflichtig.

Sachsen-Altenburg	Sachsen-Coburg-Gotha	Anhalt	Schwarzburg-Sondershauſ.	Schwarzburg-Rudolſtadt	Waldeck	Reuß ä. L.	Reuß j. L.	Schaumburg-Lippe	Lippe	Lübeck	Bremen	Hamburg	Elſaß-Lothringen
48	49	50	51	52	53	54	55	56	57	58	59	60	61
a	—	a	—	a	b	—	a	a	a	a	—	a	—
a	—	a	a	a	a	—	a	a	a	a	a	—	—
a	a	a	a	a	a	a	a	a	a	a	a	a	a
a	a	a	a	a	a	a	a	a	a	a	a	a	a
a	b	a	a	a	b	a	a	a	a	a	a	a	a
—	b	b	a	b	b	a	a	a	b	a	—	a	—
—	—	—	—	b	b	—	—	—	b	—	—	—	—
a	a	b	a	a	a	—	a	a	a	a	a	a	a
a	a	a	a	a	a	a	a	a	a	a	a	a	a
—	—	a	—	—	—	—	—	—	—	a	—	—	a
—	—	—	—	—	—	—	—	—	—	a	—	a	—
a	—	—	—	b	b	—	a	—	b	a	a	—	—
—	—	—	—	—	b	—	—	—	—	—	—	—	—
—	—	—	—	—	b	—	—	a	b	—	—	—	—
a	—	a	—	—	b	—	a	—	—	a	a	a	—
a	—	a	—	a	a	—	a	—	a	a	a	a	—
a	—	a	—	a	a	—	a	—	a	a	a	a	—
a	—	a	—	a	a	—	a	—	a	a	a	a	—
—	—	—	—	b	—	—	—	—	—	—	—	—	—
—	—	—	—	—	b	—	—	—	b	—	—	a	—
—	—	—	—	—	—	—	—	—	b	—	—	—	—
—	—	—	—	—	—	—	—	—	—	—	—	—	—
—	—	—	—	—	—	—	—	—	—	—	—	—	—
—	—	—	—	—	—	—	—	—	—	—	—	—	—
b	—	—	—	—	—	—	—	—	—	—	—	—	—
—	—	—	—	—	—	—	a	—	—	—	—	—	—
—	—	—	—	—	—	—	—	—	—	a	—	a	—
—	—	—	—	—	—	—	—	—	—	—	—	—	—
a	—	—	—	—	—	—	—	—	—	—	—	—	—

Ermittelung[1]) der Krankheit.

§. 6.

Die Polizeibehörde[2]) muß, sobald sie von dem Ausbruch oder dem Verdachte des Auftretens einer der im §. 1 Abs. 1 genannten Krankheiten (gemeingefährliche Krankheiten)[3]) Kenntniß erhält, den zuständigen beamteten Arzt[4]) benachrichtigen. Dieser hat alsdann unverzüglich an Ort und Stelle Ermittelungen[5]) über die Art, den Stand und die Ursache der Krankheit vorzunehmen und der Polizeibehörde eine Erklärung darüber abzugeben, ob der Ausbruch der Krankheit festgestellt oder der Verdacht des Ausbruchs begründet ist. In Nothfällen[6]) kann der beamtete Arzt die Ermittelung auch vornehmen, ohne daß ihm eine Nachricht der Polizeibehörde zugegangen ist.

In Ortschaften mit mehr als 10000 Einwohnern ist nach den Bestimmungen des Abs. 1 auch dann zu verfahren, wenn Erkrankungs- oder Todesfälle in einem räumlich abgegrenzten Theile der Ortschaft,[7]) welcher von der Krankheit bis dahin verschont geblieben war, vorkommen.

Die höhere Verwaltungsbehörde kann Ermittelungen über jeden einzelnen Krankheits- oder Todesfall anordnen. Solange eine solche Anordnung nicht getroffen ist, sind nach der ersten Feststellung[8]) der Krankheit von dem beamteten Arzte Ermittelungen nur im Einverständnisse mit der unteren Verwaltungsbehörde und nur insoweit vorzunehmen, als dies erforderlich[9]) ist, um die Ausbreitung der Krankheit örtlich und zeitlich zu verfolgen.

[1]) Was die Kosten der Ermittelung anlangt, so besagt der Kommissionsbericht darüber Folgendes: Wenn der beamtete Arzt auf die Benachrichtigung der Polizeibehörde an Ort und Stelle sich begiebt, um den Charakter der Krankheit festzustellen, wenn er dabei den Kranken besucht und die zur Ermittelung des Wesens der Krankheit erforderlichen Untersuchungen an ihm vornimmt, wenn er zu dem gleichen Zwecke eine Leiche öffnet, so sind dies polizeiliche Amtshandlungen, deren Kosten nicht dem Kranken oder den betheiligten Angehörigen auferlegt werden können. Die einschlägigen Kosten fallen nach der Absicht des Gesetzes demjenigen zur Last, welcher im Allgemeinen die Kosten solcher polizeilichen Maßnahmen zu tragen hat.

[2]) Da die Ausführung der zu ergreifenden sanitätspolizeilichen Maßregeln als eine polizeiliche Maßregel sich darstellt, so ist sie der „Polizeibehörde" überwiesen. Außerdem vgl. Anm. 5 zu §. 1.

[3]) Nur für die im §. 1 Abs. 1 namentlich aufgeführten Krankheiten soll das vorgesehene Verfahren (§§. 6—10) in Betracht kommen. — Wo an späteren Stellen von gemeingefährlichen Krankheiten die Rede ist, sind ausschließlich die im §. 1 Abs. 1 genannten Krankheiten gemeint.

[4]) Die Ermittelungen sind deshalb in die Hand der beamteten Aerzte gelegt, weil hierdurch deren rasche und gleichmäßige Erledigung gewährleistet wird. Vgl. auch §. 36 und Anmerkungen zu demselben.

[5]) Die Ermittelung durch den beamteten Arzt soll im Allgemeinen nur stattfinden, wenn es sich um den ersten Ausbruch einer Seuche in einer Ortschaft handelt.

[6]) Bei der Entscheidung der Frage, wann ein Nothfall vorliegt, kann es auf sehr verschiedene Verhältnisse,

z. B. Mangel anderer ärztlicher Hülfe, Auftreten der Krankheit in übervölkerten Stadttheilen oder in ungesunden Wohnungen, Heftigkeit des Krankheitsfalls, Vermuthung, daß der Erkrankte sich entfernen will u. s. w. ankommen. Da hier nur das pflichtgemäße Ermessen des die Interessen des Gemeinwohls wahrnehmenden Arztes entscheidet, so muß das Gesetz sich darauf beschränken, diesem Ermessen den nöthigen Spielraum zu schaffen.

7) In größeren Städten können die Entfernungen, in welchen mehrere Krankheitsfälle sich ereignen, so groß, die örtlichen Bedingungen, unter welchen sie eintreten, so verschieden, die Gefahren, welche die Fälle mit sich bringen, so ungleich sein, daß das Urtheil des feststellenden Arztes in dem einen Falle wenig oder keinen Anhalt für die Beurtheilung der übrigen bietet. Die Sachlage ist thatsächlich unter solchen Verhältnissen nicht viel anders als wenn eine Seuche in zwei verschiedenen Ortschaften, die einander nahe liegen, ausbricht. Im Verwaltungswege wird unter Berücksichtigung der örtlichen Verhältnisse allgemein und im voraus festzusetzen sein, wann der Thatbestand des Seuchenausbruches in einem selbständigen räumlich abgegrenzten Theil eines Ortes als gegeben zu betrachten ist.

8) Nachdem einmal der Seuchenausbruch festgestellt ist, bedarf es in der Regel einer amtsärztlichen Kontrole aller weiteren Krankheitsfälle nicht.

9) Es wird dies namentlich dann erforderlich sein, wenn für die in kurzen Zwischenräumen vereinzelt vorgekommenen Erkrankungs- oder Todesfälle eine gemeinsame Infektionsquelle nicht ersichtlich ist, oder wenn eine Seuche in besonders schwerer oder hartnäckiger Form auftritt oder wenn sie im Erlöschen begriffen zu sein scheint und ein sicherer Aufschluß darüber gewonnen werden soll, ob unter den gemeldeten Erkrankungen sich etwa solche befinden, welche der Seuche nicht zugerechnet zu werden brauchen.

§. 7.

Dem beamteten Arzte ist, soweit er es zur Feststellung der Krankheit für erforderlich und ohne Schädigung des Kranken für zulässig hält, der Zutritt zu dem Kranken oder zur Leiche und die Vornahme der zu den Ermittelungen über die Krankheit erforderlichen Untersuchungen zu gestatten.[1] [2]) Auch kann bei Cholera-, Gelbfieber- und Pestverdacht eine Oeffnung der Leiche polizeilich angeordnet werden, insoweit[3]) der beamtete Arzt dies zur Feststellung der Krankheit für erforderlich hält.

Der behandelnde Arzt ist berechtigt, den Untersuchungen, insbesondere auch der Leichenöffnung, beizuwohnen.

Die in §§. 2 und 3 aufgeführten Personen sind verpflichtet,[4]) über alle für die Entstehung und den Verlauf[5]) der Krankheit wichtigen Umstände dem beamteten Arzte und der zuständigen Behörde auf Befragen Auskunft[6]) zu ertheilen.

[1]) Stößt der Arzt dabei auf Anstände, so hat er die Polizeibehörde anzurufen, welche verpflichtet ist, ihm den Zutritt zu ermöglichen.

[2]) Die Verweigerung des Zutritts ist durch §. 45 Nr. 2 unter Strafe gestellt.

[3]) Es soll der beamtete Arzt nach seinem Ermessen eine vollständige Sektion der Leiche vornehmen dürfen, sich aber auch auf die Sektion einzelner Körpertheile, Oeffnung einzelner Körperhöhlen beschränken können. Die Entscheidung darüber, ob und inwieweit eine Leichenöffnung erforderlich ist, soll ausschließlich von der Beurtheilung des beamteten Arztes abhängig sein.

[4]) und zwar ohne Rücksicht darauf, wer im Einzelfalle nach §§. 2 Abs. 2 zur Anzeige des Erkrankungs- oder Todesfalles zunächst verpflichtet war oder thatsächlich die Anzeige bewirkt hat.

[5]) Der beamtete Arzt hat, soweit er nicht etwa selbst als ärztlicher Berather des Kranken zugezogen ist, jede Einmischung hinsichtlich des angewendeten Heilverfahrens zu vermeiden.

[6]) Arzt und Behörde haben es zu unterlassen, dem Kranken, seine Angehörigen oder anderen unberufenen Personen über das Ergebniß der angestellten Ermittelungen Mittheilung zu machen.

§. 8.

Ist nach dem Gutachten des beamteten Arztes der Ausbruch der Krankheit festgestellt[1]) oder der Verdacht des Ausbruchs begründet, so hat die Polizeibehörde unverzüglich die erforderlichen[2]) Schutzmaßregeln zu treffen.

[1]) Etwaige Zweifel an der Richtigkeit der ärztlichen Feststellung können der Polizeibehörde zwar Veranlassung geben, die Entscheidung der vorgesetzten Behörde anzurufen; die Ausführung der Maßregeln darf aber im Interesse des Schutzes gegen eine wahrscheinliche Gefährdung der Bevölkerung in diesem Falle nicht ausgesetzt werden.

[2]) Was Art und Umfang der zu treffenden Anordnungen anlangt, so wird die Polizeibehörde den Anleitungen des beamteten Arztes zu folgen haben.

§. 9.

Bei Gefahr im Verzuge[1]) kann der beamtete Arzt schon vor dem Einschreiten der Polizeibehörde[2]) die

zur Verhütung der Verbreitung der Krankheit zunächst erforderlichen Maßregeln anordnen.[3]) Der Vorsteher der Ortschaft hat den von dem beamteten Arzte getroffenen Anordnungen Folge zu leisten. Von den Anordnungen hat der beamtete Arzt der Polizeibehörde sofort schriftliche[4]) Mittheilung zu machen;[5]) sie bleiben solange in Kraft, bis von der zuständigen Behörde anderweite[6]) Verfügung getroffen wird.

[1]) Vgl. Anm. 6 zu §. 6.

[2]) Die ausnahmslose Durchführung des Grundsatzes, daß nur die Polizeibehörde zur Anordnung der erforderlichen Schutzmaßregeln ermächtigt ist, kann unter Umständen eine verhängnißvolle Verzögerung der Maßnahmen herbeiführen und zwar insbesondere, wenn die Krankheit an einem von dem Sitze der Polizeibehörde entfernten Orte ausbricht.

[3]) Der beamtete Arzt ist hierbei an die Vorschriften der §§. 12 bis 20 gebunden.

[4]) Damit einerseits Mißverständnisse über die angeordneten Maßregeln thunlichst ausgeschlossen werden und andererseits dem beamteten Arzte die Tragweite seiner Anordnungen bei deren Niederschrift nachdrücklich vor Augen tritt.

[5]) Die allgemeine Befugniß der Polizeibehörden, im Falle der Gefahr innerhalb ihrer Zuständigkeit selbständig die erforderlichen Abwehrmaßnahmen zu treffen, wird durch das Gesetz nicht berührt. Die Polizeibehörde ist deshalb auch schon vor Feststellung des Ausbruchs der Krankheit oder des Verdachts dieses Ausbruchs zur Anordnung geeigneter Vorsichtsmaßnahmen befugt, nur dürfen letztere die Grenzen nicht überschreiten, welche den Polizeibehörden für den Fall der Feststellung der Krankheit gezogen sind.

[6]) Betreffs der Frage, wem die Kosten zur Last fallen, wenn der beamtete Arzt irrthümlich sich zu vorläufigen Vorsichtsmaßnahmen veranlaßt gesehen hat, besagt der Kommissionsbericht Folgendes: Wenn ein beamteter Arzt versehentlich zu Amtshandlungen sich veranlaßt sieht, so ist auch diese Thätigkeit als eine amtliche Verrichtung anzusehen, für welche ausschließlich derjenige die Kosten zu tragen hat, welcher überhaupt für die durch die Amtshandlungen des beamteten Arztes entstehenden Kosten aufzukommen hat. Inwieweit gegen den beamteten Arzt Regreß genommen werden kann wegen Verursachung unnöthiger Kosten, richtet sich nach dem zwischen ihm und dem Staate bestehenden Rechtsverhältniß.

§. 10.

Für Ortschaften und Bezirke, welche von einer gemeingefährlichen Krankheit befallen oder bedroht sind,[1]) kann durch die zuständige Behörde[2]) angeordnet werden, daß jede Leiche vor der Bestattung einer amtlichen Besichtigung (Leichenschau)[3])[4]) zu unterwerfen ist.

[1]) Wann diese Voraussetzung als gegeben zu erachten ist, ist nach dem von ärztlicher Seite abzugebenden Gutachten zu beurtheilen.

[2]) Welche Behörde zuständig ist, regelt sich ebenso wie die Kostenfrage gemäß §. 36 nach dem Landesrecht.

[3]) Nach dem Gesetze ist es zulässig, die Leichenschau in die Hände von Aerzten, aber auch in die entsprechend vorgebildeter Laien zu legen.

[4]) Im §. 10 ist die Leichenschau als eine nur vorübergehende Einrichtung in Seuchezeiten gedacht.

Schutzmaßregeln.[1])

§. 11.

Zur Verhütung der Verbreitung der gemein-

gefährlichen Krankheiten[2]) können[3]) für die Dauer der Krankheitsgefahr Absperrungs- und Aufsichtsmaßregeln nach Maßgabe der §§. 12 bis 21 polizeilich angeordnet[4]) werden.

Die Anfechtung der Anordnungen hat keine aufschiebende Wirkung.

[1]) Die Schutzmaßregeln, welche das Gesetz in allgemeinen Grundzügen vorsieht, sind

1. die Beobachtung kranker und verdächtiger Personen;
2. die Meldepflicht für zureisende Personen:
3. die Absonderung kranker und verdächtiger Personen;
4. Beschränkungen des Gewerbebetriebes und Verhütung von Menschenansammlungen;
5. die Beschränkung des Schulbesuchs;
6. die Beschränkung der Benutzung gewisser, der Seuchenverbreitung förderlicher Einrichtungen;
7. die Räumung von Wohnungen;
8. die Desinfektion;
9. die Vertilgung von Ungeziefer;
10. die Behandlung der Leichen.

Ferner sollen zur Verhütung der Einschleppung von Seuchen auf dem Seewege besondere Schutzvorkehrungen, welche den Eigenheiten dieses Verkehrs sich anpassen, außerdem zur Verhinderung einer Weiterverbreitung von Seuchen durch wissenschaftliche Versuche oder durch den Verkehr mit Krankheitserregern besondere Vorsichtsmaßnahmen gegenüber den eigenartigen auf diesem Gebiete bestehenden Gefahren zulässig sein.

[2]) Vgl. Anm. 3 zu §. 6.

[3]) Der Umfang, in welchem auf Grund der so gegebenen Vollmachten im einzelnen Falle vorgegangen werden muß und darf, wird nach den örtlichen Verhältnissen, vor allem aber nach der Natur der Krankheit und nach der mehr oder minder bösartigen Form derselben ein sehr verschiedener sein.

[4]) Das Gesetz beschränkt sich absichtlich darauf, nur die Zulässigkeit der in den weiter folgenden Bestimmungen bezeichneten Maßnahmen auszusprechen. Wann die Nothwendigkeit vorliegt, zu den einzelnen Maßnahmen überzugehen, wird in der Regel nur aus der Lage des Einzelfalls sich ergeben.

§. 12.

Kranke und krankheits-[1]) oder ansteckungsverdächtige[2]) Personen können einer Beobachtung[3]) unterworfen werden. Eine Beschränkung in der Wahl des Aufenthalts oder der Arbeitsstätte ist zu diesem Zwecke nur bei Personen zulässig, welche obdachlos oder ohne festen Wohnsitz sind oder berufs- oder gewohnheitsmäßig umherziehen.[4])

[1]) Als krankheitsverdächtig sind solche Personen zu betrachten, welche unter Erscheinungen erkrankt sind, die den Ausbruch einer gemeingefährlichen Krankheit (§. 1 Abs. 1) befürchten lassen.

[2]) Als ansteckungsverdächtig gelten diejenigen Personen, bei welchen Krankheitserscheinungen, die auf den Ausbruch einer gemeingefährlichen Krankheit schließen lassen könnten, zwar nicht vorliegen, jedoch die Besorgniß gerechtfertigt ist, daß sie den Krankheitsstoff aufgenommen haben.

[3]) Die Beobachtung, welche unter thunlichster Vermeidung persönlicher Belästigungen stattfinden muß, wird in der Regel nur darin zu bestehen brauchen, daß über den Zustand des Kranken oder Verdächtigen durch einen Arzt oder eine sonst geeignete Person zeitweise Erkundigungen eingezogen werden.

[4]) Z. B. umherziehende Bettler, Zigeuner, Hausirer, aber auch die schiffahrttreibende Bevölkerung. Landleute, die lediglich auf den Markt gehen, um dort ihre Produkte abzusetzen, fallen nicht unter die im §. 12 be-

nannten Personen; dagegen ist es etwas anderes, wenn solche Personen ihre Waaren von Haus zu Haus feilbieten.

§. 13.

Die höhere Verwaltungsbehörde kann für den Umfang ihres Bezirkes oder für Theile desselben anordnen, daß zureisende Personen, sofern sie sich innerhalb einer zu bestimmenden Frist[1]) vor ihrer Ankunft in Ortschaften oder Bezirken aufgehalten haben, in welchen eine gemeingefährliche Krankheit[2]) ausgebrochen ist, nach ihrer Ankunft der Ortspolizeibehörde zu melden sind.

[1]) Dieselbe wird auf einen kurzen der Inkubationszeit der Krankheit entsprechenden Zeitraum zu beschränken sein.

[2]) Vergl. Anm. 8 zu §. 6.

§. 14.

Für kranke und krankheits-[1]) oder ansteckungsverdächtige[1]) Personen kann eine Absonderung[2]) angeordnet werden.

Die Absonderung kranker Personen hat derart zu erfolgen, daß der Kranke mit anderen als den zu seiner Pflege bestimmten Personen,[3]) dem Arzte oder dem Seelsorger[4]) nicht in Berührung kommt[5]) und eine Verbreitung der Krankheit thunlichst ausgeschlossen ist. Angehörigen und Urkundspersonen ist, insoweit es zur Erledigung wichtiger und dringender Angelegenheiten geboten ist, der Zutritt zu dem

Kranken unter Beobachtung der erforderlichen Maßregeln gegen eine Weiterverbreitung der Krankheit gestattet. Werden auf Erfordern der Polizeibehörde in der Behausung des Kranken die nach dem Gutachten des beamteten Arztes zum Zwecke der Absonderung nothwendigen Einrichtungen nicht getroffen, so kann, falls der beamtete Arzt es für unerläßlich und der behandelnde Arzt es ohne Schädigung des Kranken für zulässig erklärt, die Ueberführung des Kranken in ein geeignetes Krankenhaus oder in einen anderen geeigneten Unterkunftsraum angeordnet werden.

Auf die Absonderung krankheits- oder ansteckungsverdächtiger Personen[6]) finden die Bestimmungen des Abs. 2 sinngemäße Anwendung. Jedoch dürfen krankheits- oder ansteckungsverdächtige Personen nicht in demselben Raume mit kranken Personen untergebracht werden. Ansteckungsverdächtige Personen dürfen in demselben Raume mit krankheitsverdächtigen Personen nur untergebracht werden, soweit der beamtete Arzt es für zulässig hält.

Wohnungen oder Häuser, in welchen erkrankte Personen sich befinden, können kenntlich[6]) gemacht werden.

Für das berufsmäßige Pflegepersonal können Verkehrsbeschränkungen angeordnet werden.[7])

[1]) Vgl. Anm. 1 und 2 zu §. 12.

[2]) Ob zu einer Absonderung Anlaß vorliegt, läßt sich nur nach Lage des Einzelfalls beurtheilen. Die Polizei-

behörde wird daher mit der Anordnung einer Absonderung nur von Fall zu Fall vorgehen können. Wann sie von ihrer Befugniß Gebrauch machen will unterliegt ihrer verantwortlichen Erwägung, bei welcher das Gutachten des beamteten Arztes der Natur der Sache nach von maßgebender Bedeutung ist.

³) Im Gesetz ist darüber, wer das Pflegepersonal auszuwählen hat, nichts bestimmt. (Verhandlungen des Reichstags vom 12. Juni 1900.)

⁴) Es ist damit derjenige Seelsorger gemeint, welcher nach dem religiösen Bekenntnisse des Kranken zuständig ist. — Beim jedesmaligen Verlassen der Wohnung isolirter Kranker bezw. des Krankenhauses hat sich der Seelsorger selbstverständlich den erforderlichen Vorsichtsmaßnahmen gegen eine Weiterverbreitung der Krankheit zu unterziehen.

⁵) Den Kurpfuschern soll der Zutritt zu abgesonderten Kranken verwehrt sein, da gerade von solchen Personen die Weiterverschleppung des Krankheitskeims zu befürchten ist.

⁶) Namentlich kommen hierbei Personen in Betracht, welche mit Kranken längere Zeit in einem und demselben Raume sich aufgehalten haben oder sonst in enge Berührung gekommen sind, z. B. auf Eisenbahnfahrten, während einer Seereise, bei Massentransporten, in Herbergen oder dergl.

⁷) Es soll dies dazu dienen, vor dem Verkehr in diesen Räumen zu warnen und dadurch die Absonderung der Kranken zu erleichtern.

⁸) Da sie vermöge des häufigen Wechsels und der Art ihrer Thätigkeit in besonders hohem Maße der Gefahr ausgesetzt sind, den Krankheitsstoff zu verschleppen.

§. 15.

Die Landesbehörden sind befugt, für Ortschaften

und Bezirke, welche von einer gemeingefährlichen Krankheit befallen oder bedroht sind,

1. hinsichtlich der gewerbsmäßigen Herstellung, Behandlung und Aufbewahrung sowie hinsichtlich des Vertriebs von Gegenständen,[1]) welche geeignet sind, die Krankheit zu verbreiten, eine gesundheitspolizeiliche Ueberwachung und die zur Verhütung der Verbreitung der Krankheit erforderlichen Maßregeln[2]) anzuordnen;[3]) die Ausfuhr[4]) von Gegenständen der bezeichneten Art darf aber nur für Ortschaften verboten[5]) werden, in denen Cholera, Fleckfieber, Pest oder Pocken ausgebrochen sind,
2. Gegenstände der in Nr. 1 bezeichneten Art vom Gewerbebetrieb[6]) im Umherziehen auszuschließen,
3. die Abhaltung von Märkten, Messen und anderen Veranstaltungen, welche eine Ansammlung größerer Menschenmengen mit sich bringen, zu verbieten oder zu beschränken[7]),
4. die in der Schiffahrt, der Flößerei oder sonstigen Transportbetrieben[8]) beschäftigten Personen einer gesundheitspolizeilichen Ueberwachung zu unterwerfen und kranke, krankheits- oder ansteckungsverdächtige Personen sowie Gegenstände, von denen anzunehmen ist, daß sie mit dem Krankheitsstoffe behaftet sind[9]), von der Beförderung auszuschließen,

5. den Schiffahrts- und Flößereiverkehr auf bestimmte Tageszeiten zu beschränken.

[1]) Insbesondere werden hierbei in Betracht kommen gewisse Nahrungs- und Genußmittel, ferner Abfälle aller Art, gebrauchte Kleidungsstücke und Möbel sowie gebrauchte Wäsche.

[2]) Was die Art der anzuordnenden Schutzmaßregeln anlangt, so wird es sich unter Umständen nicht nur darum handeln, die Inhaber gewisser Betriebe, ihr Arbeitspersonal und ihre Geschäftsräume besonderer Aufsicht zu unterstellen, sondern auch bestimmte Waaren (ungekochte Nahrungsmittel, gebrauchte Kleidungsstücke, benutzte Gegenstände des täglichen Gebrauchs) vom Verkauf an bestimmten Verkaufsstellen zeitweise auszuschließen, die Annahme bestimmter Gegenstände (gebrauchter Wäsche oder Kleider erkrankter Personen oder dergl.) zur Behandlung oder Bearbeitung zu verbieten oder doch von vorheriger Desinfektion abhängig zu machen. Außerordentliche Gefahren können sogar die zeitweise Schließung bestimmter Betriebs- oder Verkaufsstellen zur unvermeidlichen Nothwendigkeit machen.

[3]) Diejenigen Bestimmungen, welche die Gewerbeordnung auf gesundheitlichem Gebiet enthält, insbesondere diejenigen des §. 120a, bleiben durch das Gesetz unberührt.

[4]) Einfuhrverbote im Inlandverkehr zu erlassen, erscheint nicht zweckmäßig, weil dieselben für den Verkehr mit schweren Belästigungen verknüpft und kaum durchführbar sind.

[5]) Der Erlaß derartiger Ausfuhrverbote beim Ausbruche von Cholera und Pest ist auch von der Dresdener und Venediger Sanitätskonvention vorgesehen.

[6]) Vergl. Gewerbeordnung §. 56b.

[7]) Diese Maßnahme empfiehlt sich besonders dann, wenn in benachbarten Bezirken des Auslandes eine gemeingefährliche Krankheit herrscht.

[8]) Hierher gehören auch kleine Verkehrsanstalten von örtlicher Begrenzung des Betriebs, wie Pferdebahnen, Omnibus- und Droschkenunternehmungen.

[9]) Erfahrungsgemäß ist der sonstige Waarenverkehr im Allgemeinen wenig bedenklich.

§. 16.

Jugendliche Personen aus Behausungen, in denen Erkrankungen[1]) vorgekommen sind, können zeitweilig vom Schul- und Unterrichtsbesuche ferngehalten[2]) werden. Hinsichtlich der sonstigen für die Schulen anzuordnenden Schutzmaßregeln bewendet es bei den landesrechtlichen Bestimmungen.

[1]) an einer gemeingefährlichen Krankheit.

[2]) Diese Bestimmung soll sich nicht nur auf alle öffentlichen und Privatschulen, sondern auf jede Art von Unterricht, mit welchem eine Ansammlung von Kindern und jungen Leuten verbunden ist, erstrecken, z. B. Fortbildungsunterricht.

§. 17.

In Ortschaften, welche von Cholera, Fleckfieber, Pest oder Pocken befallen oder bedroht sind, sowie in deren Umgegend kann die Benutzung von Brunnen, Teichen, Seen, Wasserläufen, Wasserleitungen sowie der dem öffentlichen Gebrauche dienenden Bade-, Schwimm-, Wasch- und Bedürfnißanstalten verboten[1]) oder beschränkt werden.

[1]) Die Bestimmungen des §. 17 finden ihre Begründung in der großen Bedeutung, welche dem Wasser bei der Verbreitung der Cholera beizumessen ist. Die gleichzeitige Erwähnung von Fleckfieber, Pest und Pocken, bei

welchen eine Uebertragung durch den Genuß von Wasser nicht in gleichem Maße zu befürchten steht, erklärt sich daraus, daß der §. 17 auch auf öffentliche Bade-, Wasch- und Bedürfnißanstalten Anwendung finden soll.

§. 18.

Die gänzliche oder theilweise Räumung von Wohnungen und Gebäuden,[1]) in denen Erkrankungen vorgekommen sind, kann, insoweit der beamtete Arzt es zur wirksamen Bekämpfung der Krankheit für unerläßlich erklärt, angeordnet werden. Den betroffenen Bewohnern ist anderweit geeignete Unterkunft unentgeltlich zu bieten.[2]) [3])

[1]) Namentlich von dicht bewohnten Gebäuden mit ungesunden baulichen Verhältnissen.

[2]) Die Anordnung der Räumung und das Anbieten einer anderen Unterkunftsstätte hat Zug um Zug zu erfolgen.

[3]) Die betroffenen Familien werden dadurch nicht behindert, statt von diesem Angebote Gebrauch zu machen, sich nach eigener Wahl, dann aber auch auf eigene Kosten, ein Obdach zu beschaffen.

§. 19.

Für Gegenstände und Räume, von denen anzunehmen ist, daß sie mit dem Krankheitsstoffe behaftet sind, kann eine Desinfektion[1])[2]) angeordnet werden.

Für Reisegepäck und Handelswaaren ist bei Aussatz, Cholera und Gelbfieber die Anordnung der Desinfektion nur dann zulässig, wenn die Annahme, daß die Gegenstände mit dem Krankheitsstoffe behaftet sind, durch besondere Umstände[3]) begründet ist.

Ist die Desinfektion nicht ausführbar oder im Verhältnisse zum Werthe der Gegenstände zu kostspielig, so kann die Vernichtung[1]) angeordnet werden.

[1]) Es gehört zu den ersten Anforderungen der Gesundheitspflege, daß der Krankheitsstoff, wo er sich unter gefahrdrohenden Verhältnissen vorfindet, mit den von der Wissenschaft als tauglich erkannten Mitteln zu zerstören ist, ohne Rücksicht darauf, ob dadurch Privateigenthum beschädigt oder vernichtet wird. Aber das Gesetz muß auch Vorsorge treffen, daß in der Absicht, dieser gesundheitspolizeilichen Anforderung gerecht zu werden, nicht unnöthige Vermögensbeschädigungen oder Verkehrsbelästigungen herbeigeführt werden.

[2]) Wegen der Entschädigung für die durch Desinfektion herbeigeführten Werthverluste sind in den §§. 28 bis 34 nähere Vorschriften enthalten.

[3]) Anders als bei Aussatz, Cholera und Gelbfieber ist die Sachlage bei Fleckfieber, Pest und Pocken. Hier kann der Krankheitsstoff schon durch die Berührung mit Gegenständen, welche ein Kranker benutzt hat, weitergetragen werden. Es liegt daher bei ihnen die Gefahr der Weiterverbreitung durch Waaren und Reisegepäck so nahe, daß es geboten erscheint, zum Schutze gegen die Krankheiten die Zulässigkeit der Desinfektion gemäß Abs. 1 ohne weitere Einschränkung offen zu lassen.

§. 20.

Zum Schutze gegen Pest können Maßregeln zur Vertilgung und Fernhaltung[1]) von Ratten,[2]) Mäusen[2]) und anderem Ungeziefer angeordnet werden.

[1]) Hierher gehören auch Maßnahmen um das Anlandkommen von Ratten und Mäusen aus solchen Schiffen

zu verhindern, welche aus pestverseuchten Ländern kommen.

2) Die Ratten und Mäuse sind für Pest sehr empfänglich und nach übereinstimmender Anschauung der Sachverständigen als besonders gefährliche Verbreiter dieser Seuche zu betrachten.

§. 21.

Für die Aufbewahrung, Einsargung, Beförderung und Bestattung der Leichen von Personen, welche an einer gemeingefährlichen Krankheit gestorben sind, können besondere Vorsichtsmaßregeln[1] [2] angeordnet werden.

1) Verbot der Ausstellung von Leichen in den Wohnungen oder in allgemein zugänglichen Räumen, möglichst baldige Entfernung der Leichen aus der Wohnung, Anwendung desinfizirender Stoffe beim Waschen und bei der Einsargung; Verwendung festschließender Särge, Verbot von Leichenfeierlichkeiten im Sterbehause, Regelung der Beförderung der Leichen zum Bestattungsorte.

2) Nach dem Wortlaute der Bestimmung ist die Anwendung der Feuerbestattung nicht ausgeschlossen, doch war diese Maßnahme bei den Vorverhandlungen über die Gesetzesvorlage nicht in Erwägung gekommen.

§. 22.

Die Bestimmungen über die Ausführung der in den §§. 12 bis 21 vorgesehenen Schutzmaßregeln, insbesondere der Desinfektion, werden vom Bundesrath erlassen.[1]

1) Soweit der Bundesrath von dieser Befugniß nicht Gebrauch macht, verbleibt es bei den einschlagenden landesrechtlichen Vorschriften; letztere behalten nur inso-

weit ihre Geltung, als sie mit den Bestimmungen dieses Gesetzes nicht in Widerspruch stehen.

§. 23.

Die zuständige Landesbehörde kann die Gemeinden oder die weiteren Kommunalverbände dazu anhalten,[1]) diejenigen Einrichtungen,[2]) welche zur Bekämpfung der gemeingefährlichen Krankheiten nothwendig sind, zu treffen. Wegen Aufbringung der erforderlichen Kosten[3]) findet die Bestimmung des §. 37 Abs. 2 Anwendung.

[1]) In welcher Art diese Einwirkung zu üben ist, bestimmt sich lediglich nach Landesrecht.

[2]) Rechtzeitige Beschaffung von Beobachtungs- und Absonderungsräumen, von Unterkunftsstätten für Kranke, Desinfektionsapparaten, Beförderungsmitteln für Kranke und Verstorbene, von Leichenräumen, Beerdigungsplätzen.

[3]) Insoweit nach Landesrecht die Gemeinden als verpflichtet zur Tragung der Kosten anzusehen sind, einzelne Gemeinden aber außer Stande sein sollten, die erforderlichen Mittel aufzubringen, bietet das Gesetz eine Handhabe, um die weiteren Kommunalverbände zur Deckung der Kosten heranzuziehen.

§. 24.

Zur Verhütung der Einschleppung der gemeingefährlichen Krankheiten aus dem Auslande[1]) kann der Einlaß der Seeschiffe von der Erfüllung gesundheitspolizeilicher Vorschriften[2]) abhängig gemacht, sowie

1. der Einlaß anderer dem Personen- oder Frachtverkehre dienenden Fahrzeuge,[3])

2. die Ein- und Durchfuhr[4]) von Waaren und Gebrauchsgegenständen,
3. der Eintritt und die Beförderung von Personen, welche aus dem von der Krankheit befallenen Lande kommen,[5])

verboten oder beschränkt[6]) werden.

Der Bundesrath ist ermächtigt, Vorschriften über die hiernach zu treffenden Maßregeln zu beschließen.[7]) Soweit sich diese Vorschriften auf die gesundheitspolizeiliche Ueberwachung der Seeschiffe[8]) beziehen, können sie auf den Schiffsverkehr zwischen deutschen Häfen[9]) erstreckt werden.

[1]) Die Krankheiten, auf welche das Gesetz Anwendung finden soll, sind fast sämmtlich in Deutschland selbst nicht heimisch.

[2]) Soweit die Cholera und die Pest in Betracht kommen, werden die bezüglichen Anordnungen gegenüber den der Dresdener und Venediger Sanitätskonvention beigetretenen Staaten sich innerhalb der Grenzen zu halten haben, welche in diesen Konventionen festgestellt sind. Vgl. auch Anm. 4.

[3]) Die Bestimmung unter 1 hat namentlich die Regelung des Einlasses von Flußschiffen und Flößen auf Binnengewässern, von Eisenbahnwagen und sonstigem Fuhrwerk im Auge.

[4]) Soweit die Cholera und die Pest in Betracht gekommen sind gegenüber denjenigen Staaten, welche der Dresdener und Venediger Sanitätskonvention beigetreten sind, Verbote der Ein- und Durchfuhr von Waaren und Gegenständen nur mit Bezug auf Leibwäsche, alte und getragene Kleider, gebrauchtes Bettzeug und Lumpen, zur Abwehr der Pest außerdem mit Bezug auf gebrauchte Säcke, Teppiche, benutzte Stickereien, grüne Felle, unge-

gerbte Häute, frische Häute, frische Thierabfälle, Klauen, Hufe, Mähnen, Haare, rohe Seide und Wolle sowie Menschenhaare zulässig. Eine Desinfektion der eingeführten Waaren und des Reisegepäcks darf nur unter der Voraussetzung angeordnet werden, daß die Gegenstände als mit dem Ansteckungsstoffe behaftet zu betrachten sind.

5) Diese Bestimmung soll unter Anderm eine wirksame Handhabe bieten gegenüber dem Auswandererverkehre, welcher sich durch Deutschland hindurch bewegt. In den Sanitätskonventionen ist bezüglich dieses Verkehrs den Vertragsstaaten volle Freiheit gelassen.

6) Ein unbedingtes Verbot der Zulassung von Seeschiffen kennen die unter den Bundesseestaaten vereinbarten Kontrolvorschriften für Seeschiffe ebensowenig wie die Sanitätskonventionen.

7) Solange der Bundesrath von dieser Befugniß keinen Gebrauch macht, sind die nach dem Landrecht zuständigen Behörden zu einem selbständigen Vorgehen ermächtigt.

8) Für die gesundheitspolizeiliche Ueberwachung der einen deutschen Hafen anlaufenden Seeschiffe gelten zur Zeit auf Grund einer Verständigung unter den Regierungen der Bundesseestaaten einheitliche Vorschriften. Vergleiche Veröffentlichungen des Kaiserlichen Gesundheitsamtes 1897 S. 137 ff.

9) Dies entspricht der bereits jetzt bestehenden Uebung, daß die bestimmungsmäßige Kontrole der Seeschiffe auch auf die aus verseuchten deutschen Häfen kommenden Schiffe Anwendung zu finden hat, und rechtfertigt sich um deswillen, weil es für die Gefahr der Seuchenverschleppung keinen Unterschied macht, ob der verseuchte Hafen im Ausland oder im Inlande liegt; überdies würde eine verschiedenartige Behandlung den Sanitätsdienst in den Häfen wesentlich erschweren. Die Beibehaltung des geltenden Rechts für die Zukunft sicher

zu stellen und Eingriffe der örtlichen Behörden, zu denen die Vorschriften im §. 15 Nr. 4 und 5 Anlaß geben könnten, auszuschließen, ist der Zweck der am Schlusse des §. 24 gegebenen Bestimmung.

§. 25.

Wenn eine gemeingefährliche Krankheit im Ausland oder im Küstengebiete des Reichs ausgebrochen ist, so bestimmt der Reichskanzler oder für das Gebiet des zunächst bedrohten Bundesstaats im Einvernehmen mit dem Reichskanzler die Landesregierung,[1]) wann und in welchem Umfange[2]) die gemäß §. 24 Abs. 2 erlassenen Vorschriften in Vollzug[3]) zu setzen sind.

[1]) Für besondere Verhältnisse, welche zunächst nur ein beschränktes Grenzgebiet als bedroht erscheinen lassen, erscheint es angängig, auch der Landesverwaltung die Befugniß einzuräumen, für einzelne Grenzstrecken die zulässigen Maßnahmen in Kraft zu setzen.

[2]) Insoweit es sich um Maßnahmen gegen Herkünfte aus deutschen Häfen handelt, kommt selbstverständlich nur die Inkraftsetzung der Vorschriften über die gesundheitspolizeiliche Ueberwachung der Seeschiffe in Betracht, da der Bundesrath nach §. 24 Abs. 2 nicht befugt ist, auch die in Ziffer 1 bis 3 des §. 24 bezeichneten Maßregeln auf den Verkehr mit verseuchten deutschen Schiffen auszudehnen.

[3]) Die vom Bundesrath auf Grund des §. 24 Abs. 2 zu erlassenden Vorschriften befinden sich ihrem Zwecke entsprechend nicht in fortdauernder Anwendung, sondern werden nur nach Bedarf bald an der einen, bald an einer anderen Grenzstrecke in Vollzug zu setzen sein.

§. 26.

Der Bundesrath ist ermächtigt, Vorschriften über die Ausstellung von Gesundheitspässen für die aus deutschen Häfen[1]) ausgehenden Seeschiffe zu beschließen.

[1]) Für die Ausstellung von Gesundheitspässen durch inländische Behörden hat sich eine Einheitlichkeit dadurch erreichen lassen, daß hierüber bei der Vereinbarung gleichmäßiger Kontrolvorschriften für Seeschiffe (vgl. Anm. 8 zu §. 24) unter den Bundesstaaten gleichzeitig Einverständniß erzielt wurde.

§. 27.

Der Bundesrath ist ermächtigt, über die bei der Ausführung wissenschaftlicher Arbeiten mit Krankheitserregern zu beobachtenden Vorsichtsmaßregeln[1]) sowie über den Verkehr[2]) mit Krankheitserregern[3]) und deren Aufbewahrung Vorschriften zu erlassen.

[1]) Insbesondere werden Vorschriften über die Einrichtung der Räume, in welchen mit Krankheitserregern gearbeitet wird und die bei Ausführung dieser Arbeiten anzuwendenden Sicherungsvorkehrungen in Betracht kommen.

[2]) Zur Zeit unterliegt die Abgabe von Krankheitserregern keinerlei Einschränkung, so daß es Jedermann möglich ist, sich in den Besitz von Erregern selbst der gefährlichsten Krankheiten zu setzen. Es besteht daher ein dringendes Bedürfniß, über den Verkehr mit Krankheitserregern, insbesondere über deren Aufbewahrung einschränkende Vorschriften zu erlassen, insbesondere nöthigenfalls die Abgabe und den Besitz von Krankheitserregern auch gänzlich verbieten zu können.

[3]) Die Befugniß erstreckt sich ihrem Wortlaute nach auf Krankheitserreger jeder Art, nicht bloß auf die Erreger der im §. 1 Abs. 1 genannten Krankheiten.

Entschädigungen.

§. 28.

Personen, welche der Invalidenversicherung unterliegen,[1]) haben für die Zeit, während der sie auf Grund des §. 12 in der Wahl des Aufenthalts oder der Arbeitsstätte beschränkt oder auf Grund des §. 14 abgesondert sind, Anspruch auf eine Entschädigung wegen des ihnen dadurch entgangenen Arbeitsverdienstes, bei deren Berechnung als Tagesarbeitsverdienst der dreihundertste Theil des für die Invalidenversicherung maßgebenden Jahresarbeitsverdienstes zu Grunde zu legen ist.

Dieser Anspruch fällt weg, insoweit auf Grund einer auf gesetzlicher Verpflichtung beruhenden Versicherung[2]) wegen einer mit Erwerbsunfähigkeit verbundenen Krankheit Unterstützung gewährt wird oder wenn eine Verpflegung auf öffentliche Kosten stattfindet.

[1]) Einschließlich derjenigen Personen, die auf Grund freiwilliger Beitragsleistung der Versicherung angehören.

[2]) Krankenversicherung, Unfallversicherung, Invalidenversicherung u. s. w.

§. 29.

Für Gegenstände, [1]) welche in Folge einer nach Maßgabe dieses Gesetzes polizeilich angeordneten und überwachten[2]) Desinfektion derart beschädigt[3]) worden sind, daß sie zu ihrem bestimmungsmäßigen Gebrauche[4]) nicht weiter verwendet werden können, oder welche auf polizeiliche Anordnung vernichtet worden sind, ist vorbehaltlich der in §§. 32 und 33 angegebenen Ausnahmen auf Antrag Entschädigung zu gewähren.

[1]) Unter Gegenstand ist im weitesten Sinne jede bewegliche oder unbewegliche Sache zu verstehen, insbesondere sollen auch die an Wohnungen und sonstigen Räumen durch die Desinfektion verursachten Beschädigungen unter die Bestimmung des Gesetzes fallen.

[2]) Letztere Voraussetzung ist auch dann als gegeben zu erachten, wenn der Gegenstand durch eine behufs Vornahme von Desinfektionen unter polizeilicher Autorität organisirtes Personal desinfizirt worden ist.

[3]) Die Ersatzpflicht beschränkt sich auf den Schaden, der in Folge einer auf Grund der gesetzlichen Verpflichtung ausgeführten Desinfektion entsteht, und zwar auf den daraus sich ergebenden unmittelbaren Schaden.

[4]) Nicht für jede Werthminderung, welche in Folge der Desinfektion eingetreten ist, sondern nur für solche Beschädigungen soll Ersatz geleistet werden, welche eine fernere Benutzung des Gegenstandes zu ihrem bestimmungsmäßigen Gebrauch unmöglich machen. Als bestimmungsmäßig wird der Gebrauch anzusehen sein, dem der Gegenstand nach seiner Natur und Beschaffenheit zu dienen bestimmt ist. Ein Gebrauch, zu dem der Gegenstand von dem einzelnen Besitzer aus Liebhaberei oder sonst willkürlich bestimmt worden ist, wird hiernach außer Betracht zu bleiben haben.

§. 30.

Als Entschädigung soll der gemeine Werth des

Gegenstandes gewährt werden ohne Rücksicht auf die Minderung des Werthes, welche sich aus der Annahme ergiebt, daß der Gegenstand mit Krankheitsstoff behaftet sei.[1]) Wird der Gegenstand nur beschädigt[2]) oder theilweise vernichtet, so ist der verbleibende Werth auf die Entschädigung anzurechnen.

[1]) Entspricht dem nach §. 59 des Viehseuchengesetzes für die Ermittelung des Schadens maßgebenden Grundsatze.

[2]) Aus der Fassung des §. 29 ergiebt sich, daß im Falle bloßer Beschädigung Ersatz nur dann zu gewähren ist, wenn der Gegenstand so beschädigt ist, daß er in der bestimmungsmäßigen Art nicht mehr verwendet werden kann.

§. 31.[1])

Die Entschädigung wird, sofern ein anderer Berechtigter nicht bekannt ist, demjenigen gezahlt, in dessen Gewahrsam sich der beschädigte oder vernichtete Gegenstand zur Zeit der Desinfektion befand. Mit dieser Zahlung erlischt jede Entschädigungsverpflichtung aus §. 29.

[1]) Entspricht §. 60 des Viehseuchengesetzes.

§. 32.[1])

Eine Entschädigung auf Grund dieses Gesetzes wird nicht gewährt:

1. für Gegenstände, welche im Eigenthume des Reichs, eines Bundesstaats oder einer kommunalen Körperschaft sich befinden;

2. für Gegenstände, welche entgegen einem auf Grund des §. 15 Nr. 1 oder des §. 24 erlassenen Verbot aus- oder eingeführt worden sind.

[1]) §. 61 des Viehseuchengesetzes ist leitend gewesen.

§. 33.

Der Anspruch auf Entschädigung fällt weg:[1])

1.[2]) wenn derjenige, welchem die Entschädigung zustehen würde, die beschädigten oder vernichteten Gegenstände oder einzelne derselben an sich gebracht hat, obwohl er wußte oder den Umständen nach annehmen mußte, daß dieselben bereits mit dem Krankheitsstoffe behaftet oder auf polizeiliche Anordnung zu desinfiziren waren;

2.[3]) wenn derjenige, welchem die Entschädigung zustehen würde oder in dessen Gewahrsam[4]) die beschädigten oder vernichteten Gegenstände sich befanden, zu der Desinfektion durch eine Zuwiderhandlung gegen dieses Gesetz oder eine auf Grund desselben getroffene Anordnung Veranlassung gegeben hat.

[1]) In Anlehnung an den Gedanken des Viehseuchengesetzes im §. 63 soll der Anspruch auf Entschädigung auch durch ein gewisses persönliches Verschulden des Entschädigungsberechtigten oder des Besitzers verwirkt werden.

[2]) Die Bestimmung unter Nr. 1 bezweckt in Verbindung mit der Strafvorschrift im §. 44 zu verhindern,

daß infizirte Gegenstände vor erfolgter Desinfektion in den Verkehr gelangen.

[3]) Die Bestimmung unter Nr. 2 setzt voraus, daß der Entschädigungsberechtigte oder der Inhaber des Gegenstandes durch eine Verletzung der seuchenpolizeilichen Anordnungen zu der Desinfektion Anlaß gegeben hat.

[4]) Die Frage, inwieweit der Entschädigungsberechtigte gegen den Inhaber eine Entschädigungsforderung geltend machen kann, entscheidet sich nach den zwischen Beiden bestehenden privatrechtlichen Beziehungen und nach den allgemeinen Grundsätzen des bürgerlichen Rechtes.

§. 34.

Die Kosten der Entschädigungen sind aus öffentlichen Mitteln[1]) zu bestreiten. Im Uebrigen bleibt der landesrechtlichen Regelung[2]) vorbehalten, Bestimmungen darüber[3]) zu treffen:

1. von wem die Entschädigung zu gewähren und wie dieselbe aufzubringen ist,
2. binnen welcher Frist der Entschädigungsanspruch geltend zu machen ist,
3. wie die Entschädigung zu ermitteln und festzustellen ist.

[1]) Durch den an die Spitze gestellten Satz soll verhütet werden, daß landesgesetzlich die zu entschädigenden Personen selbst zur Aufbringung der Kosten herangezogen werden.

[2]) In gleicher Weise wie dies im §. 58 des Viehseuchengesetzes geschehen ist.

[3]) Diese Fragen stehen mit der Verwaltungsorganisation der Einzelstaaten in so engem Zusammenhange, daß es sich nicht empfehlen würde, von seiten des Reichs darüber einheitliche Vorschriften zu erlassen.

Allgemeine Vorschriften.

§. 35.

Die dem allgemeinen Gebrauche dienenden Einrichtungen [1]) für Versorgung mit Trink- oder Wirthschaftswasser [2]) und für Fortschaffung der Abfallstoffe [3]) sind fortlaufend durch staatliche Beamte zu überwachen.

Die Gemeinden sind verpflichtet, für die Beseitigung der vorgefundenen gesundheitsgefährlichen Mißstände Sorge zu tragen. Sie können nach Maßgabe ihrer Leistungsfähigkeit zur Herstellung von Einrichtungen der im Abs. 1 bezeichneten Art, sofern dieselben zum Schutze gegen übertragbare [4]) Krankheiten erforderlich sind, jederzeit angehalten werden.

Das Verfahren, in welchem über die hiernach gegen die Gemeinden zulässigen Anordnungen zu entscheiden ist, richtet sich nach Landesrecht.

[1]) In wissenschaftlichen Kreisen besteht darüber Einverständniß, daß den Einrichtungen, welche der Wasserversorgung und der Beseitigung der Abfallstoffe dienen, nicht nur für den Zustand der öffentlichen Gesundheit überhaupt, sondern insbesondere auch für die Seuchengefahr eine große Bedeutung beizumessen ist, und daß die Herstellung vervollkommneter Einrichtungen für die angegebenen Zwecke eines der wirksamsten Schutzmittel gegen die Seuchen bildet. In zahlreichen Fällen ist der unwiderlegliche Nachweis geführt, daß an Orten, welche zweckmäßige, den Anforderungen der Gesundheitspflege genügende Einrichtungen der angegebenen Art geschaffen haben, gewisse Krankheiten, wie beispielsweise der Darmtyphus, einen wesentlichen Rückgang erleiden und zum

Theil nahezu verschwinden, und daß diese Orte auch von den gefährlichen Seuchen, insbesondere von der Cholera, nur noch in geringem Umfange heimgesucht werden, wenngleich dieselben Krankheiten dort früher in schweren Epidemien aufgetreten waren. Solche Erfahrungen legen der Medizinalverwaltung die Pflicht auf, den bezeichneten Anlagen fortgesetzt eine sorgfältige Ueberwachung zu Theil werden zu lassen, etwaige Mängel aufzudecken und für rechtzeitige Abstellung Sorge zu tragen.

[2]) In erster Linie kommen die größeren, ganze Ortschaften versorgenden Wasserleitungen in Betracht. Aber auch kleinere Anlagen für Wasserversorgung, welche nur für Theile einer Ortschaft oder für einzelne Grundstückskomplexe bestimmt sind, sollen der Ueberwachung bedürfen. Unter besonderen Umständen kann sogar zeitweilig die Ueberwachung aller Brunnen eines Ortes oder Ortschaftstheiles geboten sein, soweit diese dem allgemeinen Gebrauch dienen. Andererseits hat das Gesetz nur diejenigen Anlagen im Auge, welche die Versorgung mit Trink- und Wirthschaftswasser bewirken; Wasserleitungen, die ausschließlich gewerblichen Zwecken oder Zwecken der Landeskultur dienen, gehören nicht hierher.

[3]) Bei den Anlagen zur Beseitigung der Abfallstoffe handelt es sich sowohl um die Abfuhr und Ablagerung der Hausabfälle, als auch um die Wegschaffung der Fäkalien. Für beide Arten von Einrichtungen wird die Beaufsichtigung nicht lediglich dann gefordert, wenn die Einrichtungen aus öffentlichen Mitteln hergestellt sind oder von einem öffentlichen Verbande (Gemeinde 2c.) betrieben werden; es genügt vielmehr, daß sie dem allgemeinen Gebrauch dienen, also nicht ausschließlich von bestimmten Einzelwirthschaften benutzt werden.

[4]) Es ist hervorzuheben, daß die Bestimmung im §. 35 Abs. 2 sich nicht nur auf den Schutz gegen gemeingefährliche Krankheiten (§. 1 Abs. 1), sondern gegen übertragbare Krankheiten überhaupt bezieht.

§. 36.

Beamtete Aerzte im Sinne dieses Gesetzes sind Aerzte, welche vom Staate angestellt sind oder deren Anstellung mit Zustimmung[1]) des Staates erfolgt ist.

An Stelle der beamteten Aerzte können im Falle ihrer Behinderung oder aus sonstigen dringenden Gründen andere Aerzte zugezogen werden. Innerhalb des von ihnen übernommenen Auftrags[2]) gelten die Letzteren als beamtete Aerzte und sind befugt und verpflichtet, diejenigen Amtsverrichtungen wahrzunehmen, welche in diesem Gesetz oder in den hierzu ergangenen Ausführungsbestimmungen den beamteten Aerzten übertragen sind.

[1]) Unter welchen Voraussetzungen dies angenommen werden darf, fällt der Entscheidung der Landesregierung anheim.

Aerzte, deren Ernennung nicht mit Zustimmung der Staatsbehörde im Einzelfalle, sondern auf Grund einer allgemeinen landesrechtlichen Befugniß öffentlicher Verwaltungsverbände, insbesondere der Gemeinden, für gewisse Aufgaben der Medizinalpolizei berufen sind, sollen nicht ohne Weiteres den beamteten Aerzten gleichgeachtet werden.

[2]) Eine Verpflichtung, in Seuchezeiten amtliche Funktionen zu übernehmen, besteht für die Privatärzte nicht.

§. 37.

Die Anordnung und Leitung der Abwehr- und Unterdrückungsmaßregeln liegt den Landesregierungen[1]) und deren Organen ob.

Die Zuständigkeit der Behörden und die Aufbringung der entstehenden Kosten regelt sich nach Landesrecht.

Die Kosten der auf Grund des §. 6 angestellten behördlichen Ermittelungen, der Beobachtung in den Fällen des §. 12, ferner auf Antrag[2]) die Kosten der auf Grund des §. 19 polizeilich angeordneten und überwachten Desinfektion und der auf Grund des §. 21 angeordneten besonderen Vorsichtsmaßregeln für die Aufbewahrung, Einsargung, Beförderung und Bestattung der Leichen sind aus öffentlichen Mitteln zu bestreiten.[3])

Die Landesregierungen bestimmen, welche Körperschaften unter der Bezeichnung Gemeinde, weiterer Kommunalverband und kommunale Körperschaft zu verstehen sind.

1) Daß die Anordnung und Leitung der Seuchenbekämpfung den Landesbehörden überwiesen wird, liegt in den verfassungsmäßigen Beziehungen zwischen dem Reich und den Bundesstaaten begründet.

2) Es soll dadurch erreicht werden, daß die bezüglichen Kosten nur bei der minder bemittelten Bevölkerung aus öffentlichen Mitteln beglichen zu werden brauchen.

3) Die in Frage stehenden Aufwendungen dürfen den Betheiligten nicht als öffentliche Armenunterstützung angerechnet werden.

§. 38.

Die Behörden der Bundesstaaten sind verpflichtet, sich bei der Bekämpfung übertragbarer[1]) Krankheiten gegenseitig zu unterstützen.

[1]) Die Unterstützungspflicht bezieht sich nach der Fassung des Gesetzes auf Bekämpfungsmaßnahmen nicht nur gegen die gemeingefährlichen, sondern auch gegen andere übertragbare Krankheiten.

§. 39.

Die Ausführung der nach Maßgabe dieses Gesetzes zu ergreifenden Schutzmaßregeln liegt, insoweit davon

1. dem aktiven Heere oder der aktiven Marine angehörende Militärpersonen,
2. Personen, welche in militärischen Dienstgebäuden oder auf den zur Kaiserlichen Marine gehörigen oder von ihr gemietheten Schiffen und Fahrzeugen untergebracht sind,
3. marschierende oder auf dem Transporte befindliche Militärpersonen und Truppentheile des Heeres und der Marine, sowie die Ausrüstungs- und Gebrauchsgegenstände derselben,
4. ausschließlich von der Militär- oder Marineverwaltung benutzte Grundstücke und Einrichtungen

betroffen werden, den Militär- und Marinebehörden[1]) ob.

Auf Truppenübungen[2]) [3]) finden die nach diesem Gesetze zulässigen Verkehrsbeschränkungen keine Anwendung.

Der Bundesrath hat darüber Bestimmung zu

treffen, inwieweit von dem Auftreten des Verdachts und von dem Ausbruch einer übertragbaren Krankheit sowie von dem Verlauf und dem Erlöschen der Krankheit sich die Militär- und Polizeibehörden gegenseitig in Kenntniß zu setzen haben.[4])

[1]) Die Anwendbarkeit des Gesetzes soll sich auch auf das Heer und die Marine erstrecken. Organisation und Disziplin machen es für die bewaffnete Macht zur Nothwendigkeit, den Vollzug aller sonst den Polizei- und Medizinalbehörden übertragenen Maßnahmen denjenigen Behörden vorzubehalten, welche auf den fraglichen Verwaltungsgebieten ihre besondere Zuständigkeit haben.

[2]) Was die Truppenübungen anlangt, so wird es die Aufgabe der militärischen Befehlshaber und Behörden sein, unter eigener Verantwortlichkeit darüber Entscheidung zu treffen, inwieweit solche Uebungen mit den Rücksichten auf den Gesundheitszustand der Truppen und auf das öffentliche Wohl vereinbar sind; durch die Bestimmung im §. 39 Absatz 2 soll nur zum Ausdruck gebracht werden, daß in der angegebenen Richtung die nach Maßgabe des Gesetzes etwa angeordneten Verkehrsbeschränkungen nicht ohne Weiteres für die Militärbehörden bindend sind.

[3]) Kontrolversammlungen gelten in dieser Beziehung nicht als Truppenübungen und unterliegen mithin den allgemeinen Verkehrbeschränkungen.

[4]) Die im Absatz 3 des §. 39 vorgesehene Verpflichtung zu gegenseitiger Benachrichtigung verfolgt im allseitigen Interesse den Zweck, die betheiligten Behörden rechtzeitig von dem Ausbruch und dem jeweiligen Stande der Seuchen zu unterrichten. Es entspricht dies der gegenwärtigen Uebung und steht mit den einschlagenden Bestimmungen des Viehseuchengesetzes im Einklang. Die Verpflichtung zur Mittheilung soll nicht nur mit Bezug

auf gemeingefährliche Krankheiten, sondern mit Bezug auf übertragbare Krankheiten jeder Art angeordnet werden können.

§. 40.

Für den Eisenbahn-,[1]) Post- und Telegraphenverkehr sowie für Schiffahrtsbetriebe, welche im Anschluß an den Eisenbahnverkehr geführt werden und der staatlichen Eisenbahnaufsichtsbehörde unterstellt sind, liegt die Ausführung der nach Maßgabe dieses Gesetzes zu ergreifenden Schutzmaßregeln ausschließlich den zuständigen Reichs- und Landesbehörden ob.

Inwieweit die auf Grund dieses Gesetzes polizeilich angeordneten Verkehrsbeschränkungen und Desinfektionsmaßnahmen

1. auf Personen, welche während der Beförderung als krank, krankheits- oder ansteckungsverdächtig befunden werden,
2. auf die im Dienste befindlichen oder aus dienstlicher Veranlassung vorübergehend außerhalb ihres Wohnsitzes sich aufhaltenden Beamten und Arbeiter der Eisenbahn-, Post- und Telegraphenverwaltungen sowie der genannten Schiffahrtsbetriebe

Anwendung finden, bestimmt der Bundesrath.

[1]) Die Anwendbarkeit des Gesetzes soll sich auch auf die öffentlichen Verwaltungen erstrecken. Die Interessen des Verkehrs machen es für das Eisenbahn- und Postwesen zur Nothwendigkeit, den Vollzug aller sonst den Polizei- und Medizinalbehörden übertragenen Maßnahmen

denjenigen Behörden vorzubehalten, welche auf den fraglichen Verwaltungsgebieten ihre besondere Zuständigkeit haben.

§. 41.[1])

Dem Reichskanzler liegt ob, die Ausführung dieses Gesetzes und der auf Grund desselben erlassenen Anordnungen zu überwachen.

Wenn zur Bekämpfung der gemeingefährlichen Krankheiten Maßregeln erforderlich sind, von welchen die Gebiete mehrerer Bundesstaaten betroffen werden, so hat der Reichskanzler oder ein von ihm bestellter Kommissar für Herstellung und Erhaltung der Einheit[2]) in den Anordnungen der Landesbehörden zu sorgen und zu diesem Behufe das Erforderliche zu bestimmen, in dringenden Fällen auch die Landesbehörden unmittelbar mit Anweisungen zu versehen.

[1]) Im §. 41 sind die Verpflichtungen und Befugnisse der Reichsgewalt bei der Bekämpfung der Seuchen in meist wörtlicher Uebereinstimmung mit den entsprechenden Vorschriften des Viehseuchengesetzes §. 4, sowie des Gesetzes, Maßregeln gegen die Rinderpest betreffend, vom 7. April 1869 (Bundes-Gesetzbl. S. 105) §. 12 und des Gesetzes, betreffend die Abwehr und Unterdrückung der Reblauskrankheit, vom 3. Juli 1883 (Reichs-Gesetzbl. S. 149) §. 5 festgesetzt.

[2]) Insbesondere wird dies der Fall sein, wenn es sich um die Ueberwachung des Schiffahrtsverkehrs auf Wasserläufen, welche die Gebiete verschiedener Bundesstaaten berühren, handelt.

§. 42.

Ist in einer Ortschaft der Ausbruch einer gemeingefährlichen Krankheit festgestellt, so ist das Kaiserliche Gesundheitsamt hiervon sofort auf kürzestem Wege zu benachrichtigen.[1]) Der Bundesrath ist ermächtigt zu bestimmen, inwieweit im späteren Verlaufe dem Kaiserlichen Gesundheitsamte Mittheilungen über Erkrankungs- und Todesfälle zu machen sind.

[1]) Die schleunige Benachrichtigung des Kaiserlichen Gesundheitsamts ist erforderlich, um die Reichsverwaltung über den Ausbruch der daselbst genannten Seuchen und über ihre jeweilige Verbreitung innerhalb des Reichs unterrichtet zu halten.

§. 43.

In Verbindung mit dem Kaiserlichen Gesundheitsamte wird ein Reichs-Gesundheitsrath gebildet. Die Geschäftsordnung wird vom Reichskanzler mit Zustimmung des Bundesraths festgestellt. Die Mitglieder werden vom Bundesrathe gewählt.

Der Reichs-Gesundheitsrath hat das Gesundheitsamt bei der Erfüllung der diesem Amte zugewiesenen Aufgaben zu unterstützen. Er ist befugt, den Landesbehörden auf Ansuchen Rath zu ertheilen. Er kann sich, um Auskunft zu erhalten, mit den ihm zu diesem Zwecke zu bezeichnenden Landesbehörden unmittelbar in Verbindung setzen, sowie Vertreter absenden, welche unter Mitwirkung der zuständigen

Landesbehörden Aufklärungen an Ort und Stelle einziehen.

Strafvorschriften.[1])

§. 44.

Mit Gefängniß bis zu drei Jahren wird bestraft:

1. wer wissentlich bewegliche Gegenstände, für welche eine Desinfektion polizeilich angeordnet war, vor Ausführung der angeordneten Desinfektion in Gebrauch nimmt, an Andere überläßt oder sonst in Verkehr bringt;[2])
2. wer wissentlich Kleidungsstücke, Leibwäsche, Bettzeug oder sonstige bewegliche Gegenstände, welche von Personen, die an einer gemeingefährlichen Krankheit litten, während der Erkrankung gebraucht oder bei deren Behandlung oder Pflege benutzt worden sind, in Gebrauch nimmt, an Andere überläßt oder sonst in Verkehr bringt, bevor sie den auf Grund des §. 22 vom Bundesrathe beschlossenen Bestimmungen entsprechend desinfizirt worden sind;[3])
3. wer wissentlich Fahrzeuge oder sonstige Geräthschaften, welche zur Beförderung von Kranken oder Verstorbenen der in Nr. 2 bezeichneten Art gedient haben,[4]) vor Ausführung der polizeilich angeordneten Desinfektion benutzt[5]) oder Anderen zur Benutzung überläßt.

Sind mildernde Umstände[6]) vorhanden, so kann auf Geldstrafe bis zu 1500 Mark erkannt werden.

[1]) Für die Strafvorschriften des Gesetzes ist der §. 327 des Strafgesetzbuchs zum Ausgangspunkte zu nehmen. Die Vorschrift lautet:

> „Wer die Absperrungs- oder Aufsichtsmaßregeln oder Einfuhrverbote, welche von der zuständigen Behörde zur Verhütung des Einführens oder Verbreitens einer ansteckenden Krankheit angeordnet worden sind, wissentlich verletzt, wird mit Gefängniß bis zu zwei Jahren bestraft.
>
> Ist in Folge dieser Verletzung ein Mensch von der ansteckenden Krankheit ergriffen worden, so tritt Gefängnißstrafe von drei Monaten bis zu drei Jahren ein."

Diese Vorschrift sichert für die wissentliche Verletzung der auf Grund des Gesetzes zu erlassenden Anordnungen die Möglichkeit einer angemessenen Bestrafung, da die Anordnungen ausnahmslos Maßregeln der im §. 327 gedachten Art zum Gegenstande haben. Hiernach kann sich das Gesetz auf die in den §§. 44 bis 46 vorgesehenen Strafvorschriften beschränken.

[2]) Die polizeiliche Anordnung einer Desinfektion (§. 19) erfolgt immer auf Grund der Annahme, daß die zu desinfizirenden Gegenstände mit dem Krankheitsstoffe behaftet sind. Bei der großen Gefahr, die mit einer Verwendung infizirter Gegenstände verbunden ist, muß ausgeschlossen werden, daß solche Gegenstände vor Ausführung der angeordneten Desinfektion in irgend einer Weise in Verkehr gebracht werden.

[3]) Für die mit den Kranken unmittelbar in Berührung gekommenen Gebrauchsgegenstände, insbesondere für die Bett- und Leibwäsche und für die bei der Behandlung und Pflege benutzten Geräthschaften (medizinische Instrumente, Verbandstoffe, Eß- und Trinkgeschirr und dergl.) ist jede Art von Inverkehrsetzung auch dann auszuschließen, wenn eine die Desinfektion gebietende polizeiliche Anordnung nicht vorliegt; die Beschränkung soll Platz greifen, solange

nicht die Desinfektion in der vom Bundesrath angeordneten Weise erfolgt ist.

[4]) Hinsichtlich dieser Gegenstände soll bis zur Ausführung der polizeilich angeordneten Desinfektion nicht jede Art von Inverkehrsetzung, sondern nur die Benutzung und die Ueberlassung an Andere zur Benutzung strafbar sein (Nr. 3).

[5]) Wenn in den Nummern 1 bis 3 auch derjenige mit Strafe bedroht wird, welcher die bezeichneten Gegenstände selbst in Gebrauch nimmt, so mußte dies geschehen, weil der Betreffende durch seine Unvorsichtigkeit nicht nur die eigene Person, sondern auch Andere gefährdet.

[6]) Die Höhe der in §. 44 angedrohten Strafe entspricht der Vorschrift des §. 327 des Strafgesetzbuchs. Abweichend von diesen ist jedoch die Annahme mildernder Umstände zugelassen.

§. 45.[1])

Mit Geldstrafe von 10 bis 150 Mark oder mit Haft nicht unter einer Woche wird bestraft:

1. wer die ihm nach den §§. 2, 3, oder nach den auf Grund des §. 5 vom Bundesrathe beschlossenen Vorschriften obliegende Anzeige unterläßt oder länger als 24 Stunden, nachdem er von der anzuzeigenden Thatsache Kenntniß erhalten hat, verzögert. Die Strafverfolgung tritt nicht ein, wenn die Anzeige, obwohl nicht von dem zunächst Verpflichteten, doch rechtzeitig gemacht worden ist;
2. wer im Falle des §. 7 dem beamteten Arzte den Zutritt zu dem Kranken oder zur Leiche oder die Vornahme der erforderlichen Untersuchungen verweigert;

3. wer den Bestimmungen im §. 7 Abs. 3 zuwider über die daselbst bezeichneten Umstände dem beamteten Arzte oder der zuständigen Behörde die Auskunft verweigert oder wissentlich unrichtige Angaben macht;

4. wer den auf Grund des §. 13 erlassenen Anordnungen zuwiderhandelt.

[1]) Der §. 45 soll die Erfüllung der Anzeigepflicht (§§. 1 bis 5) und der durch §. 7 begründeten Verpflichtungen, sowie die Befolgung der auf Grund des §. 18 getroffenen Anordnungen sichern. Es sollen hier alle Fälle einer Verletzung der bezeichneten Vorschriften einschließlich der wissentlichen Zuwiderhandlungen getroffen und damit die Anwendung der schwereren Strafbestimmungen des §. 327 des Str.G.B. ausgeschlossen werden. Das Strafmaß ist dem §. 65 des Viehseuchengesetzes entlehnt.

§. 46.[1])

Mit Geldstrafe bis zu 150 Mark oder mit Haft wird, sofern nicht nach den bestehenden gesetzlichen Bestimmungen eine höhere Strafe verwirkt ist, bestraft:

1. wer den im Falle des §. 9 von dem beamteten Arzte oder dem Vorsteher der Ortschaft getroffenen vorläufigen Anordnungen oder den auf Grund des §. 10 von der zuständigen Behörde erlassenen Anordnungen zuwiderhandelt;

2. wer den auf Grund des §. 12, des §. 14

Abs. 5, der §§. 15, 17, 19 bis 22 getroffenen polizeilichen Anordnungen zuwiderhandelt;

3. wer den auf Grund der §§. 24, 26, 27 erlassenen Vorschriften zuwiderhandelt.

[1]) Im §. 46 ist die Strafe für alle Verletzungen der auf Grund des neuen Gesetzes ergehenden polizeilichen Anordnungen zur Bekämpfung der ansteckenden Krankheiten vorgesehen, soweit sie sich nicht als wissentliche Verletzungen darstellen und demgemäß unter das Strafgesetzbuch fallen.

Schlußbestimmungen.

§. 47.

Die vom Bundesrathe zur Ausführung dieses Gesetzes erlassenen allgemeinen Bestimmungen sind dem Reichstage zur Kenntniß mitzutheilen.

§. 48.

Landesrechtliche Vorschriften[1]) über die Bekämpfung anderer[2]) als der im §. 1 Abs. 1 genannten übertragbaren Krankheiten werden durch dieses Gesetz nicht berührt.[3])

[1]) Die Vorschriften der Landesgesetzgebung, welche sich auf die Bekämpfung der in §. 1 Abs. 1 dieses Gesetzes ausdrücklich namhaft gemachten Krankheiten beziehen, werden außer Kraft gesetzt, soweit sie mit diesem Gesetz oder mit den auf Grund desselben vom Bundesrath erlassenen Vorschriften unvereinbar sind.

[2]) Die eigentliche Bekämpfung, insbesondere die Anordnung der Abwehr- und Unterdrückungsmaßnahmen soll bezüglich aller anderen als der in §. 1 Abs. 1 genannten übertragbaren Krankheiten den Landesregierungen überlassen bleiben. Nur bezüglich der Anzeigepflicht sieht das

Gesetz die Möglichkeit einer Ausdehnung durch den Bundesrath vor (§. 5 Abs. 2).

[3]) Daneben bleiben aber selbstverständlich in Geltung diejenigen reichsrechtlichen Bestimmungen gesundheitlichen Charakters, die vermöge ihrer allgemeinen sanitären Zweckbestimmung auch Handhaben zum Schutz gegen übertragbare Krankheiten bieten. Es kommen hier namentlich einige Bestimmungen der Gewerbeordnung in Betracht. Unberührt bleibt auch das Impfgesetz vom 8. April 1874. Fortdauernde Geltung behalten auch die im §. 18 Abs. 3 des Impfgesetzes erwähnten landesrechtlichen Bestimmungen über Zwangsimpfungen bei dem Ausbruch einer Pockenepidemie.

§. 49.

Dieses Gesetz tritt mit dem Tage der Verkündung in Kraft.

Urkundlich unter Unserer Höchsteigenhändigen Unterschrift und beigedrucktem Kaiserlichen Insiegel.

Gegeben Travemünde, den 30. Juni 1900.

(L. S.) **Wilhelm.**

Graf von Posadowsky.

Sachregister.

Die Ziffern bezeichnen die Seitenzahl.

A.

Aachen 81, 26.
Abfälle, Beschränkung in Aufbewahrung und Vertreiben von A. 46. Anlagen zur Beseitigung von A. 61.
Absonderung von Personen 42, 48.
Absonderungsräume, Beschaffung von A. 51.
Absperrungsmaßregeln, Anordnung von A. 40.
Abwehrmaßregeln, Anordnung der A. 63.
Anfechtung der Schutzmaßregeln 40.
Angehörige, Zutritt der A. zum abgesonderten Kranken 42.
Anhalt 82, 28.
Ankylostomasis 81, 82, 22.
Ansteckende Krankheiten, siehe übertragbare Krankheiten.
Ansteckungsstoff, s. Krankheitsstoff.
Ansteckungsverdächtige Personen, Beobachtung a. P. 41. Absonderung a. P. 42 ff.
Anzeige, zur A. verpflichtete Personen 18, 20. Form der A. 21. Behörde, an welche die A. zu erstatten ist 9, 14 ff., 22. Frist, binnen welcher die A. zu erfolgen hat 72. Strafbare Unterlassung der A. 72.
Anzeigepflicht 9 ff., weitergehende A. 22, 14 ff., 81, 82. Ausdehnung der A. 22.
Arbeitsstätte, Beschränkung in der Wahl der A. 41.

Die Ziffern bezeichnen die Seitenzahl.

Armenunterstützung 64.

Arnsberg 31, 25.

Arzt, Anzeigepflicht des zugezogenen A. 18. Der behandelnde A. beim Ermittelungsverfahren 36. Zutritt des A. zum abgesonderten Kranken 42. Privatärzte als Stellvertreter des beamteten A. 63. Beamteter A. 63. Der b. A. beim Ermittelungsverfahren 33 ff. Selbständiges Vorgehen des b. A. in Nothfällen 38, 37 ff. Untersuchung des Kranken oder der Leiche durch den b. A. 36. Gutachten des b. A. betr. den erfolgten Ausbruch der Krankheit 37. Mitwirkung des b. A. beim Treffen der Schutzmaßregeln 37. Gutachten des b. A. betr. Absonderung von Personen 43. Gutachten des b. A. betr. Räumung von Wohnungen 48. Stellvertretung des b. A. 63. B. A. und Heilverfahren 37.

Aufenthalt, Beschränkung in der Wahl des A. 41.

Aufsicht, unter A. stellen bestimmter Betriebe 45 ff.

Aufsichtsmaßregeln, Anordnung von A. 40.

Augenkrankheiten, ansteckende 29.

Augenentzündung der Neugeborenen 31, 32, 22, granulöse, kontagiöse A. 31, 32, 22.

Aurich 31, 25.

Ausdehnung der Anzeigepflicht 22.

Ausführungsbestimmungen, siehe Bundesrath.

Ausfuhrverbot 45.

Auskunftertheilung, Verpflichtung der anzeigepflichtigen Personen zur A. 36.

Ausland, Verhütung der Einschleppung der gemeingefährlichen Krankheiten aus dem A. 51 ff.

Aussatz (Lepra), Anzeigepflicht bei 9. Weitergehende Anzeigepflicht bei A. 15 ff. Desinfektion von Handelswaaren und Reisegepäck bei A. 48. S. auch „gemeingefährliche Krankheiten."

Auswandererverkehr, Schutzmaßregeln gegenüber dem A. 52.

B.

Badeanstalten, Verbot der Benutzung von B. 47.

Die Ziffern bezeichnen die Seitenzahl.

Baden 32, 27.
Bayern 32, 26.
Beamteter Arzt, s. „Arzt".
Bedürfnißanstalten, Verbot der Benutzung von B. 47.
Beerdigungsplätze, Beschaffung von B. 51.
Beförderungsmittel für Kranke und Verstorbene. Beschaffung derselben 51. Strafbare Unterlassung der Desinfektion derselben 70
Behandlung, Anzeigepflicht der mit der B. des Erkrankten beschäftigten Person 18.
Behausung, Anzeigepflicht desjenigen, in dessen B. der Erkrankungs- oder Todesfall sich ereignet hat 18.
Behörden, Zuständigkeit der B. 63—68, 9, 37, 40, 42, 43, 51, 54, 55.
Benachrichtigung des Kaiserlichen Gesundheitsamts 69.
Beobachtung von Personen 41.
Beobachtungsräume, Beschaffung von B. 51.
Berlin 31, 23.
Beschränkung von Personen in der Wahl des Aufenthalts oder der Arbeitsstätte 41. B. des Gewerbebetriebes für Ortschaften und Bezirke 44 ff. B. d. G. im Umherziehen 45. B. d. G. der Schifffahrts- und Flößerei- und sonstiger Transportbetriebe 45 ff. B. von Menschenansammlungen 45. B. des Schulbesuchs 47. B. in der Benutzung von Brunnen, Teichen, Seen, Wasserläufen, öffentlichen Bade-, Schwimm-, Wasch- und Bedürfnißanstalten 47.
Bestrafung wegen Zuwiderhandlung gegen das Gesetz 70—74.
Betriebsstellen, Schließung bestimmter B. 46.
Bettzeug, strafbare Unterlassung der Desinfektion des B. 70.
Braunschweig 32, 27.
Bremen 32, 28.
Breslau 31, 23.
Bromberg 31, 23.
Bundesrath 22, 50, 52, 55, 65, 67, 69, 74.
Bundesstaaten, weitergehende Anzeigepflicht in den einzelnen Bundesstaaten 22 ff., 14 ff., 31 ff.
Brunnen, Verbot der Benutzung von B. 47. Ueberwachung der B. 62.

Die Ziffern bezeichnen die Seitenzahl.

C.

Cholera (asiatische), Anzeigepflicht bei C. 9. Weitergehende Anzeigepflicht bei C. 14ff., 22. DresdenerKonvention und C. 11, 52. Oeffnung der Leiche bei C. 36. Verbot der Ausfuhr bestimmter Gegenstände aus Choleraorten 45. Verbot oder Beschränkung in der Benutzung von Brunnen, Teichen, Seen, Wasserläufen, Wasserleitungen, Bade-, Schwimm-, Wasch- und Bedürfnißanstalten bei C. 47. Desinfektion von Handelswaaren und Reisegepäck bei C. 48. Wasserversorgung und C. 62, siehe auch „gemeingefährliche Krankheiten"

D.

Darmtyphus (Unterleibstyphus) 29, 31, 32, 61.

Danzig 31, 22.

Desinfektion, Anordnung der D. 48. Ausführung der D. 50. Polizeilich angeordnete und überwachte D. 56, 57. D. von Reisegepäck u. Handelswaaren 48, 58. Strafbare Unterlassung der D. 70.

Desinfektionsapparate 51.

Diphtherie 31, 32, 22ff.

Dresdener Sanitätskonvention 11, 46, 52.

Düsseldorf 31, 26.

Durchfuhr, Beschränkung bezw. Verbot der D. 52.

Dysenterie (Ruhr) 29, 30, 31, 32, 22.

E.

Einfuhr, Beschränkung der E. 52. Verbot der E. 46, 52.

Einschleppung aus dem Auslande 51—54.

Eisenbahnverkehr, Beschränkungen und Desinfektionsmaßnahmen im E. 67.

Eisenbahnwagen, Einlaß von E. aus dem Auslande 52.

Elsaß-Lothringen 32, 29.

Entbindungsanstalten, Anzeigepflicht der Vorsteher der E. 20.

Entschädigung, Anspruch auf E. 56ff. E. für entgangenen Arbeitsverdienst 56. E. für die durch Desinfektion herbeigeführten Werthverluste 56—57. Ermittelung der E. 57, 58.

Wegfall der E. 58 ff. Wegfall des E.anspruchs 56, 59. Uebernahme der E.-kosten auf öffentliche Mittel 60.
Erfurt 31, 24.
Ermittelung der Krankheit 33—39.
Erysipelas 31, 32, 22.
Eßgeschirr, Desinfektion gebrauchter E. 71.

F.

Fäkalien, Ueberwachung der Wegschaffung der F. 62.
Fahrzeuge, strafbare Unterlassung der Desinfektion benutzter F. 70.
Feuerbestattung 50.
Fleckfieber (Flecktyphus), Anzeigepflicht bei F. 9. Weitergehende Anzeigepflicht bei F. 15, 16. Beschränkung oder Verbot der Benutzung öffentlicher Waschanstalten bei F. 47. Verbot der Ausfuhr bestimmter Gegenstände aus Fleckfieber-Ortschaften 45. Desinfektion von Waaren und Reisegepäck bei F. 49, siehe auch gemeingefährliche Krankheiten.
Flöße, Einlaß ausländischer Fl. 52.
Flößereibetrieb, Ueberwachung der im F. beschäftigten Personen 45.
Flößereiverkehr, Beschränkung des F. 46.
Floßführer, Anzeigepflicht der F. 20.
Flußschiffe, Einlaß ausländischer F. 52. Anzeigepflicht des Schiffers auf F. 20.
Frankfurt 31, 28.
Fuhrwerke, Einlaß ausländischer F. 52. Strafbare Unterlassung der Desinfektion von F. 70.

G.

Gefangenenanstalten, Anzeigepflicht der Vorsteher 20.
Gelbfieber, Anzeigepflicht bei G. 9. Oeffnung der Leiche bei G. 36. Desinfektion von Handelswaaren und Reisegepäck bei G. 48, siehe auch „gemeingefährliche Krankheiten".
Gemeinde 61, 64.
Gemeingefährliche Krankheiten 33. Anzeigepflicht bei g. K. 9—32. Ermittelung der Krankheit bei g. K. 33—39. Schutzmaßregeln gegen g. K. 39—56.

Die Ziffern bezeichnen die Seitenzahl.

Genickstarre, epidemische Kopf-Genickstarre 30, 31, 32, 22ff.
Genußmittel, Beschränkung in Herstellung und Vertrieb von G. 46.
Geschichte des Gesetzes betr. die Bekämpfung gemeingefährlicher Krankheiten 10.
Gesundheitsamt, Kaiserliches 69.
Gesundheitsgefährliche Mißstände, Beseitigung g. M. 61.
Gesundheitspässe 55.
Gesundheitspolizeiliche Ueberwachung, Anordnung der g. U. 45. G. U. der Seeschiffe 53.
Gewerbebetrieb, Beschränkung des G. 45.
Gumbinnen 31, 22.

H.

Häfen, Sanitätsdienst in den Häfen 51.
Hamburg 32, 29.
Handelswaaren, Desinfektion der H. 48. Ein- und Durchfuhr-Beschränkungen bezw. -Verbote 52, 46. Ausfuhrverbote 45.
Hannover 31, 24.
Häuser, Kenntlichmachen verseuchter H. 48. Räumung verseuchter H. 48. Fernhalten jugendlicher Personen aus verseuchten H. vom Schulbesuche 47. Desinfektion verseuchter H. 48.
Hausabfälle, Anlagen zur Beseitigung der H. 61, 62.
Haushaltungsvorstand, Anzeigepflicht des H. 18.
Heer, Ausführung der Schutzmaßregeln in Bezug auf das H. 65.
Hessen 32, 27.
Hildesheim 31, 24.

J.

Influenza 31, 32, 22.
Inlandsverkehr, Einfuhrverbote im J. 46. Gesundheitspolizeiliche Ueberwachung der Seeschiffe im J. 54.

K.

Kaiserliches Gesundheitsamt 69.
Kassel 31, 25.
Keuchhusten 31, 32, 22.
Kindbettfieber 31, 32, 22.
Kleidungsstücke, strafbare Unterlassung der Desinfektion gebrauchter K. 70. Beschränkungen im Vertrieb gebrauchter K. 46.

Königsberg 81, 22.
Köln 81, 26.
Köslin 81, 28.
Koblenz 81, 26.
Kommissar, Bestellung eines K. zur einheitlichen Bekämpfung der gemeingefährlichen Krankheiten 68.
Kommunale Körperschaft 64.
Kommunalverband 51. Weiterer K. 64.
Kontrolversammlungen 66.
Kopfgrind, bösartiger 31, 82, 22.
Kosten der Schutzmaßregeln 34, 51, 60, 64.
Krätze 81, 82, 22.
Kranke, Beschaffung von Beobachtungs-, Absonderungs- und Unterkunftsstätten für K. 51. Beschaffung von Beförderungsmitteln für K. 51. Untersuchung des K. durch den beamteten Arzt 36. Beobachtung des K. 41. Absonderung des K. 42, 43. Zutritt zum abgesonderten K. 42. Ausschluß des K. von der Beförderung 45. Kenntlichmachen der Wohnungen K. 43.
Krankenanstalten, Anzeigepflicht der Vorsteher von K. 20.
Krankenhaus, Ueberführung des Kranken in ein K. 43.
Krankheiten, „gemeingefährliche K.“ 33. Anzeigepflicht bei g. K. 9—32. Ermittelung der Krankheit bei g. K. 33—39. Schutzmaßregeln gegen g. K. 39—56. Uebertragbare K. Ausdehnung der Anzeigepflicht auf andere übertragbare K. als die gemeingefährlichen 22. Herstellung bestimmter Einrichtungen zum Schutze gegen übertragbare K. 61ff. Gegenseitige Unterstützung der Bundesstaaten bei der Bekämpfung übertragbarer K. 64. Gegenseitige Benachrichtigung der Militär- und Polizeibehörden über den Stand übertragbarer K. 66. Weitergehende Anzeigepflicht in den einzelnen Bundesstaaten bei K. 22, 31—82, 14ff.
Krankheitserreger, Vorsichtsmaßregeln bei der Ausführung wissenschaftlicher Arbeiten mit K. 55.

Krankheitsstoffe, mit dem K. behaftete Gegenstände. Ausschluß derselben von der Beförderung 45. Desinfektion derselben 48, 53. Vernichtung derselben 49.
Krankheitsverdacht, Anzeigepflicht bei K. 9. Ermittelungsverfahren bei K. 33. Oeffnung der Leiche bei K. 36. Schutzmaßregeln bei begründetem K. 37. Gegenseitige Benachrichtigung der Militär- und Polizeibehörden von K. 66.
Krankheitsverdächtige Personen, Beobachtung k. P. 41. Absonderung k. P. 42. Ausschluß k. P. von der Beförderung 45.
Küstengebiet, Schutzmaßregeln beim Ausbruch einer gemeingefährlichen Krankheit im K. des Reichs 54.
Kurpfuscher, Anzeigepflicht der K. 18. K. und abgesonderte Kranke 44.

L.

Landesbehörden 51, 67, 68, 69, 70.
Landesrecht 47, 60, 61, 64, 74, 22.
Landesrechtliche Bestimmungen betr. weitergehende Anzeigepflicht 22, 14 bis 17, 31—32.
Landesregierungen 54, 63, 64.
Leibwäsche, strafbare Unterlassung der Desinfektion der L. 70.
Leiche, Oeffnung der L. 36. Untersuchung der L. durch den beamteten Arzt 36. Vorsichtsmaßregeln gegenüber L. 50. Bestattung von L. 50. Einsargung von L. 50.
Leichenfeierlichkeiten, Verbot von L. 50.
Leichenräume, Beschaffung von L. 51.
Leichenschau, Einführung der L. 39.
Leichenschauer, Anzeigepflicht des L. 18.
Lepra, siehe Aussatz.
Liegnitz, 31, 24.
Lippe, 32, 28.
Lübeck, 32, 28.
Lüneburg, 31, 25.
Lungenentzündung, brandige L. 31, 32, 22. Krupöse L. 31, 32, 22.

M.

Magdeburg 31, 24.
Malaria 31, 32, 22.

Die Ziffern bezeichnen die Seitenzahl.

Märkte, Verbot von M. 45.
Marinebehörden, Ausführung der Schutzmaßregeln durch die M. 65.
Marienwerder 31, 22.
Masern 31, 32, 22.
Mäuse, Maßregeln zur Vertilgung von M. 49.
Mecklenburg-Schwerin 32, 27.
Mecklenburg-Strelitz 32, 27.
Meldekarten 21.
Meldepflicht für zureisende Personen 42.
Medizinische Instrumente, Desinfektion m. J. 71.
Merseburg 31, 24.
Militärbehörden, Ausführung der Schutzmaßregeln durch die M. 65.
Milzbrand 31, 32, 22.
Minden 31, 25.
Münster 31, 25.
Mumps 31, 32, 22.

N.

Nahrungsmittel, Beschränkungen im Gewerbebetrieb mit N. 46.

O.

Obdachlose Personen, Beschränkung o. P. in der Wahl des Aufenthaltsortes und der Arbeitsstätte 41.
Oldenburg 32, 27.
Oppeln 31, 24.
Ortschaften, Ermittelung der Krankheit in O. mit mehr als 10000 Einwohnern 33. Beschränkung des Gewerbebetriebs für bestimmte O. 44—45.
Ortsvorsteher 38.
Ortspolizeibehörde 42.
Osnabrück 31, 25.

P.

Pest (orientalische Beulenpest), Anzeigepflicht bei P. 9. Venediger Konvention und P. 11, 52. Oeffnung der Leiche bei P. 36. Verbot der Ausfuhr bestimmter Gegenstände aus P.ortschaften 45. Verbot der Benutzung von öffentlichen Bade-, Schwimm- und Waschanstalten bei P. 47. Desinfektion von Waaren und Reisegepäck bei P. 49, siehe auch „gemeingefährliche Krankheiten".
Pferdebahnen 47.
Pflegeanstalten, Anzeigepflicht der Vorsteher der P. 20.

Die Ziffern bezeichnen die Seitenzahl.

Pflegepersonal, Anzeigepflicht des P. 18. Verkehrsbeschränkungen gegenüber dem berufsmäßigen P. 43.
Pocken (Blattern), Anzeigepflicht bei P. 9. Weitergehende Anzeigepflicht bei P. 22, 15, 16. Verbot der Ausfuhr bestimmter Gegenstände aus P.ortschaften 45. Verbot der Benutzung öffentlicher Bade-, Schwimm-, Wasch- und Bedürfnißanstalten bei P. 47. Desinfektion von Waaren und Reisegepäck bei P. 49, siehe auch „gemeingefährliche Krankheiten".
Polizeibehörde, Verabfolgung von Meldekarten seitens der P. 21. Benachrichtigung des beamteten Arztes durch die P. 33. Anordnung der Leichenöffnung durch die P. 36. Treffen der Schutzmaßregeln durch die P. 37. Durch die P. angeordnete Desinfektionen 56, 57. Zuständigkeit der P. 9, 37, 43. Anordnung von Absperrungs- und Aufsichtsmaßregeln durch die P. 40.
Posen 31, 23.
Postverkehr, Beschränkungen und Desinfektionsmaßnahmen im P. 67. Ausführung der Schutzmaßregeln im P. 67.
Potsdam 31, 23.
Preußen 31,22—26,14—16

R.

Ratten, Maßregeln zur Vertilgung von R. 49.
Räumung von Wohnungen und Gebäuden 48.
Reichsbehörden 67.
Reichsgesundheitsrath 69.
Reichskanzler 54, 68, 69.
Reisegepäck, Desinfektion von R. 48, 53.
Reisende, kranke, krankheits- oder ansteckungsverdächtige R. 45, 67, 42.
Reuß ä. L. 32, 28.
Reuß j. L. 32, 28.
Rötheln 31, 32, 22.
Rotz 31, 32, 22.
Rückfallfieber 29, 30, 31, 32.
Ruhr (Dysenterie) 29, 30, 31, 32, 22.

S.

Sachsen 32, 26.
Sachs.-Altenburg 32, 28.
Sachs.-Coburg-Gotha 32, 28.

Die Ziffern bezeichnen die Seitenzahl.

Sachs.-Meiningen 32, 28.
Sachs.-Weimar 32, 27.
Sanitätskonventionen 46, 52, 11.
Särge, Verwendung festschließender S. 50.
Schälblasen der Neugeborenen 31, 32, 22 ff.
Scharlach 31, 32, 22.
Schaumburg-Lippe 32, 28.
Schiffahrtsverkehr, Beschränkung des S. 46, 67.
Schiffe 20, 52, 65. Gesundheitspolizeiliche Vorschriften gegenüber Seeschiffen 51. Gesundheitspolizeiliche Ueberwachung der S. 53, 54. Gesundheitspässe für S. 55.
Schiffer, Anzeigepflicht des S. 20.
Schleswig 31, 24.
Schließung von Betriebs- und Verkaufsstellen 46.
Schulen, Beschränkung des Schulbesuchs 47.
Schutzmaßregeln gegen gemeingefährliche Krankheiten 39—56. Treffen von S. beim Ausbruch der Krankheit 37. Anfechtung der S. 40. S. für Schulen 47. S. gegen übertragbare Krankheiten 61.
Schwarzburg-Rudolstadt 32, 28.
Schwarzburg-Sondershausen 32, 28.
Schwimmanstalten, Verbot der Benutzung von S. 47.
Seelsorger, Zutritt des S. zum abgesonderten Kranken 42.
Seen, Verbot der Benutzung von S. 47.
Seeschiffe, siehe Schiffe.
Sigmaringen 31, 26.
Stade 31, 25.
Stettin 31, 23.
Strafvorschriften 70—74.
Stralsund 31, 23.
Syphilis 30, 31, 32, 22.

T.

Teiche, Verbot der Benutzung von T. 47.
Telegraphenverkehr, Ausführung der Schutzmaßregeln im T. 67. Beschränkungen und Desinfektionsmaßnahmen im T. 67.
Todesfälle, anzeigepflichtige T. 9. Mittheilung von T. an das Kaiserliche Gesundheitsamt 69.
Tollwuth 31, 32, 22.
Transportbetriebe, Ueber-

wachung der im T. beschäftigten P. 45.
Trichinose 31, 32, 22.
Trier 31, 26.
Trinkwasser, Ueberwachung der Einrichtungen zur Versorgung mit T. 61. Herstellung von Einrichtungen zur Versorgung mit T. 61.
Truppentheile 65.
Truppenübungen 65.
Tuberkulose 31, 32, 22.

U.

Ueberführung des Kranken in ein Krankenhaus 43.
Uebertragbare Krankheiten, Ausdehnung der Anzeigepflicht auf andere ü. K. als die gemeingefährlichen 22. Herstellung bestimmter Einrichtungen zum Schutze gegen ü. K. 61 ff. Gegenseitige Unterstützung der Bundesstaaten bei der Bekämpfung ü. K. 64. Gegenseitige Benachrichtigung der Militär- und Polizeibehörde über den Stand ü. K. 66. Sonst noch anzeigepflichtige ü. K. in den einzelnen Bundesstaaten K. 22, 31, 32.
Ueberwachung, gesundheitspolizeiliche U. der Seeschiffe 53. Anordnung der g. U. 45. U. der Einrichtungen für Wasserversorgung und Beseitigung der Abfallstoffe 61.
Umherziehen, Beschränkung des Gewerbebetriebes im U. 45.
Umherziehende Personen, Beschränkung berufs- oder gewohnheitsmäßig u. P. in der Wahl des Aufenthalts oder der Arbeitsstätte 41.
Ungeziefer, Maßregeln zur Vertilgung von U. 49.
Unterdrückungsmaßregeln, Anordnung und Leitung der U. 63.
Unterkunft, unentgeltliche U. für Bewohner geräumter Gebäude 48.
Unterleibstyphus (Darmtyphus) 29, 30, 31, 32, 61.
Untersuchung des Kranken oder der Leiche durch den beamteten A. 36. Strafbare Verhinderung der U. d. K. 72.
Urkundspersonen, Zutritt der U. zum abgesonderten Kranken 42.

Die Ziffern bezeichnen die Seitenzahl.

V.

Venediger Sanitätskonvention 46, 52, 11.

Verbandstoffe, Desinfektion gebrauchter V. 71.

Verbot von Märkten und dergl. 45. V. der Ein- und Durchfuhr von Waaren und Gegenständen 52. V. der Benutzung von Brunnen und dergl. 47.

Verdacht des Auftretens einer gemeingefährlichen Krankheit. Anzeigepflicht bei V. d. A. e. g. K. 9. Ermittelungsverfahren bei V. d. A. e. g. K. 33. Oeffnung der Leiche bei V. d. A. e. g. K. 36. Schutzmaßregeln bei begründetem V. 37. Gegenseitige Benachrichtigung der Militär- und Polizeibehörden bei V. 66.

Verdächtige krankheits- oder ansteckungsverdächtige Personen. Beobachtung derselben 41. Absonderung derselben 42. Ausschluß derselben von der Beförderung 45, 67.

Verkaufsstellen, Schließung bestimmter 46.

Verkehrsbeschränkungen für berufsmäßiges Pflegepersonal 48. Im Eisenbahn-, Post- und Telegraphenverkehr sowie in dem bestimmter Schifffahrtsbetriebe 67.

Vernichtung infizirter Gegenstände 49.

Verwaltungsbehörde, untere 33, höhere 33, 42.

Vorsichtsmaßregeln gegenüber Leichen 50. Bei Ausführung wissenschaftlicher Arbeiten mit Krankheitserregern 55.

W.

Waaren, Ein- und Durchfuhrverbote für W. 52, 46. Ausfuhrverbote für W. 45.

Waldeck 32, 28.

Waschanstalten, Verbot der Benutzung bestimmter W. 47.

Wasserläufe, Verbot der Benutzung von W. 47.

Wasserleitungen, Ueberwachung der W. 61. Verbot der Benutzung von W. 47.

Wasserversorgung, Ueberwachung der für Versorgung mit Trink- oder Wirthschaftswasser dienenden Einrichtungen 61. Herstellung von Einrichtungen zur V. m. T. oder W. 61.

Weichselzopf 31, 32, 22.
Wiesbaden 31, 25.
Wochenbettfieber, s. Kindbettfieber.

Wohnung, Kenntlichmachen verseuchter W. 43. Räumung verseuchter W. 48. Desinfektion verseuchter W.

Wohnungsinhaber, Anzeigepflicht des W. 18.

Württemberg 32, 27.

Wurmkrankheit (Ankylostomasis) 31, 32, 22.

Z.

Zureisende Personen. Meldepflicht für z. P. 42.
Zuständigkeit der Behörden 9, 37, 40, 42, 43, 51, 54, 55, 63—68.
Zutritt zum abgesonderten Kranken 42. Strafbare Verwehrung des Z. zum Kranken 72.
Zuwiderhandlungen 70 ff.

Anhang.

Vorläufige Ausführungsbestimmungen

zu

dem Gesetze, betreffend die Bekämpfung gemeingefährlicher Krankheiten, vom 30. Juni 1900 (Reichs-Gesetzbl. S. 306).

(Vom 6. Oktober 1900. Reichs-Gesetzbl. S. 849.)

Auf Grund der §§. 22, 27, 40 und 42 des Gesetzes, betreffend die Bekämpfung gemeingefährlicher Krankheiten, vom 30. Juni 1900 wird zur Bekämpfung der Pest Folgendes bestimmt:

1. Zu §§. 12, 18. Die Polizeibehörden haben ein besonderes Augenmerk auf solche Personen zu richten, welche sich kürzlich in einem von der Pest heimgesuchten Orte aufgehalten haben.

   Es empfiehlt sich, diese Personen einer nach dem Gutachten des beamteten Arztes zu bemessenden, aber nicht länger als zehn Tage seit dem letzten Tage ihrer Anwesenheit am Pestorte dauernden Beobachtung zu unterstellen, jedoch in schonender Form und so, daß Belästigungen der Personen thunlichst vermieden werden. Die Beobachtung wird in der Regel darauf beschränkt werden können, daß durch einen Arzt oder eine sonst geeignete Person zeitweise Erkundigung über den Gesundheitszustand der betreffenden Personen eingezogen wird. Erforderlichen Falles sollen zur Erleichterung dieser Maßnahme die höheren Verwaltungsbehörden für den Umfang ihres Bezirkes oder für Theile desselben anordnen, daß zureisende Personen, welche sich innerhalb zehn Tagen vor ihrer Ankunft in einem von der Pest betroffenen Orte oder Bezirk aufgehalten haben, nach ihrer Ankunft der Ortspolizeibehörde binnen einer zu bestimmenden möglichst kurzen Frist schriftlich oder mündlich zu melden sind.

Eine verschärfte Art der Beobachtung, verbunden mit Beschränkungen in der Wahl des Aufenthalts oder der Arbeitsstätte (z. B. Anweisung eines bestimmten Aufenthalts, Verpflichtung zum zeitweisen persönlichen Erscheinen vor der Gesundheitsbehörde, Untersagung des Verkehrs an bestimmten Orten) ist solchen Personen gegenüber zulässig, welche obdachlos oder ohne festen Wohnsitz sind oder berufs- oder gewohnheitsmäßig umherziehen, z. B. fremdländische Auswanderer und Arbeiter, Zigeuner, Landstreicher, Hausirer.

2. Zu §§. 14, 18. An Pest erkrankte oder krankheitsverdächtige Personen sind ohne Verzug unter Beobachtung der Bestimmungen im §. 14 Abs. 2 und 3 des Gesetzes abzusondern; das Gleiche gilt für ansteckungsverdächtige Personen, insoweit nicht der beamtete Arzt eine einfachere Art der Beobachtung (vergl. Ziffer 1) für ausreichend erachtet. Als krankheitsverdächtig sind solche Personen zu betrachten, welche unter Erscheinungen erkrankt

sind, die den Ausbruch der Pest befürchten lassen, als ansteckungsverdächtig solche, bei welchen dergleichen Erscheinungen zwar nicht vorliegen, jedoch die Besorgniß gerechtfertigt ist, daß sie den Krankheitsstoff der Pest aufgenommen haben. Die Absonderung der ansteckungsverdächtigen Personen darf nur bis zur Dauer von zehn Tagen angeordnet werden.

Unter Umständen kann es sich empfehlen, die Kranken, anstatt sie zur Absonderung in ein Krankenhaus oder in einen sonst geeigneten Unterkunftsraum zu verbringen, in der Wohnung zu belassen und die Gesunden aus derselben zu entfernen. Es kann sogar die Räumung des ganzen Hauses angezeigt sein, namentlich wenn in ihm ungünstige sanitäre Zustände (Ueberfüllung, Unreinlichkeit und dergl.) herrschen. Die Räumung ist insbesondere dann nothwendig, wenn unter den Ratten oder Mäusen in einem solchen Hause die Pest ausgebrochen ist oder wenn es sich um ein sogenanntes Pesthaus handelt, in welchem unter den Bewohnern die Seuche wiederholt auftritt. Die gänzliche oder theilweise Räumung von Wohnungen oder Häusern gegen den Willen der davon Betroffenen ist jedoch an die Voraussetzung geknüpft, daß der beamtete Arzt sie zur wirksamen Bekämpfung der Pest für unerläßlich erklärt.

Für den Transport der Kranken und Krankheits- oder Ansteckungsverdächtigen sollen dem öffentlichen Verkehre dienende Fuhrwerke (Droschken, Straßenbahnwagen und dergl.) in der Regel nicht benutzt werden.

Die Polizeibehörden haben alle Insassen eines Hauses, in welchem ein Pestfall vorgekommen ist, in Bezug auf ihren Gesundheitszustand, erforderlichen Falles durch Absonderung, einer

Beobachtung zu unterwerfen und dafür Sorge zu tragen, daß Erkrankungen und Todesfälle jeder Art, welche in einem solchen Hause sich ereignen, zu ihrer Kenntniß gelangen.

Wohnungen oder Häuser, in denen an der Pest erkrankte Personen sich befinden, sind kenntlich zu machen.

3. Zu §. 15. Die zuständigen Behörden haben ein besonderes Augenmerk darauf zu richten, inwieweit Veranstaltungen, welche eine Ansammlung größerer Menschenmengen mit sich bringen (Messen, Märkte u. s. w.), an oder in der Nähe solcher Orte, in welchen die Pest ausgebrochen ist, zu untersagen sind.

Verkaufsstellen von Lebensmitteln in Häusern, in denen ein Pestfall vorgekommen ist, sind zu schließen, sofern nach dem Gutachten des beamteten Arztes die Fortsetzung des Betriebs als gefährlich zu betrachten ist.

Die Polizeibehörden der von Pest ergriffenen Orte haben dafür zu sorgen, daß Gegenstände, von denen anzunehmen ist, daß sie mit dem Krankheitsstoffe der Pest behaftet sind, vor wirksamer Desinfektion nicht in den Verkehr gelangen.

Insbesondere ist für Orte oder Bezirke, in denen die Pest sich weiter verbreitet, die Ausfuhr von gebrauchter Leibwäsche, gebrauchtem Bettzeug, alten und getragenen Kleidungsstücken sowie von Hadern und Lumpen aller Art zu verbieten. Ausgenommen sind neue Abfälle, welche unmittelbar aus Spinnereien, Webereien, Konfektions- und Bleichanstalten kommen, Kunstwolle, neue Papierschnitzel sowie unverdächtiges Reisegepäck.

Einfuhrverbote gegen inländische Pestorte sind nicht zulässig. Das Verbot der Einfuhr bestimmter Waaren und anderer Gegenstände aus dem Auslande richtet sich nach den gemäß §. 25 des Gesetzes in Vollzug gesetzten Bestimmungen (vergl. Bekanntmachung vom 4. Juli 1900, Reichs-Gesetzbl. S. 555).

Für gebrauchtes Bettzeug, Leibwäsche und getragene Kleidungsstücke, welche aus einem Pestorte stammen und seit Verlassen desselben noch nicht wirksam desinfizirt worden sind, kann eine Desinfektion angeordnet werden. Im Uebrigen ist eine Desinfektion von Gegenständen des Güter- und Reiseverkehrs einschließlich der von Reisenden getragenen Wäsche- und Kleidungsstücke nur dann geboten und zulässig, wenn die Gegenstände nach dem Gutachten des beamteten Arztes als mit dem Ansteckungsstoffe der Pest behaftet anzusehen sind.

Weitergehende Beschränkungen des Gepäck- und Güterverkehrs sowie des Verkehrs mit Post- (Brief- und Packet-) Sendungen sind nicht zulässig.

4. Zu §. 16. Jugendliche Personen aus Behausungen, in denen ein Fall von Pest vorgekommen ist, müssen, solange nach dem Gutachten des beamteten Arztes eine Weiterverbreitung der Seuche aus diesen Behausungen zu befürchten ist, vom Schulbesuche ferngehalten werden.

Das Gleiche gilt hinsichtlich des Besuchs jedes anderen Unterrichts, an welchem eine größere Anzahl von Personen Theil nimmt.

5. Zu §. 19. In Häusern, in welchen Pestfälle vorkommen, sind die erforderlichen Maßnahmen zur Desinfektion der Ausscheidungen des Kranken sowie der mit dem Kranken oder Gestorbenen in Berührung gekommenen Gegenstände zu treffen. Ganz besondere Aufmerksamkeit ist der Desinfektion infizirter Räume sowie der Betten und der Leib-

wäsche des Kranken oder Gestorbenen zuzuwenden. Auch ist Vorsorge zu treffen, daß Fahrzeuge, welche zur Beförderung von kranken, krankheits- und ansteckungsverdächtigen Personen gedient haben, alsbald und vor anderweiter Benutzung desinfizirt werden.

Häuser, in denen an der Pest verendete Ratten gefunden werden, sind zu desinfiziren, soweit dies von dem beamteten Arzte für erforderlich erachtet wird. Wohnungen und Häuser, welche wegen Pestausbruchs geräumt worden sind, dürfen erst nach einer wirksamen Desinfektion zur Wiederbenutzung freigegeben werden.

Anlage 1. Die Desinfektionen sind nach Maßgabe der aus der Anlage 1 ersichtlichen Anweisung zu bewirken.

6. Zu §. 20. Ganz besondere Aufmerksamkeit ist der Vertilgung von Ratten, Mäusen und sonstigem Ungeziefer zuzuwenden. Es ist insbesondere Vorkehrung dafür zu treffen, daß die Ortspolizeibehörde, sobald an einem Orte unter den Ratten (insbesondere in Getreidelagern, Lebensmittelmagazinen und dergl.) ein auffälliges Sterben aus unbekannter Ursache beobachtet wird, von diesem Vorkommniß unverzüglich Kenntniß erhält. Einige todte Ratten sind in möglichst frischem Zustand unter genauer Beobachtung der für die Versendung pestverdächtiger Untersuchungsobjekte ergehenden Anweisung sofort denjenigen Stellen zu übersenden, welche von den Landesregierungen mit der bakteriologischen Untersuchung pestverdächtiger Fälle beauftragt sind; die übrigen todten Ratten sind am besten zu verbrennen oder in einer hinreichend tiefen Grube, mit Kalkmilch reichlich übergossen, zu verscharren. Die Be-

rührung solcher Ratten mit der Hand ist zu vermeiden. Der Platz, auf welchem sie gefunden wurden, ist zu desinfiziren.

7. Zu §. 21. Die Leichen der an Pest Gestorbenen sind in Tücher zu hüllen, welche mit einer desinfizirenden Flüssigkeit getränkt sind, und alsdann in dichte Särge zu legen, welche am Boden mit einer reichlichen Schicht Sägemehl, Torfmull oder anderen aufsaugenden Stoffen bedeckt sind. Die eingesargten Leichen sind, sofern nicht das Sterbehaus geräumt wird, thunlichst bald aus der Behausung zu entfernen. Das Waschen der Leichen ist zu vermeiden. Soll es ausnahmsweise stattfinden, so darf es nur unter den von dem beamteten Arzte angeordneten Vorsichtsmaßregeln und nur mit desinfizirenden Flüssigkeiten ausgeführt werden. Die Ausstellung der Leichen im Sterbehaus oder im offenen Sarge ist zu untersagen, das Leichengefolge möglichst zu beschränken und dessen Eintritt in die Sterbewohnung zu verbieten. Die Beförderung der Leichen von Personen, welche an der Pest gestorben sind, nach einem anderen als dem ordnungsmäßigen Beerdigungsort ist zu untersagen. Die Beerdigung der Pestleichen ist thunlichst zu beschleunigen.

Eine Oeffnung der Leiche darf nur auf Anordnung oder mit Genehmigung der Polizeibehörde und in der Regel nur in Gegenwart des mit der Feststellung der Krankheit beauftragten Arztes stattfinden. Die Leichenöffnung ist nur anzuordnen, insoweit sie der beamtete Arzt zur Feststellung der Krankheit für erforderlich hält. Im Uebrigen darf die Genehmigung zur Leichenöffnung nur zu wissenschaftlichen Zwecken und nach Maßgabe der von der zuständigen Behörde zu erlassenden Vorschriften ertheilt werden. Die

Leichenöffnung wird zweckmäßig in dem abgedichteten Sarge vorgenommen.

8. Zu §. 22. Die Aufhebung der zur Abwehr der Pestgefahr getroffenen Anordnungen darf nur nach Anhörung des beamteten Arztes erfolgen.

9. Zu §. 27. Für das Arbeiten und den Verkehr mit Pesterregern gelten die aus der Anlage 2 ersichtlichen Bestimmungen.

Anlage 2.

10. Zu §. 40. Für den Eisenbahnverkehr gelten die in der Anlage 3 enthaltenen Bestimmungen.

Anlage 3.

11. Zu §. 42. Neben der im §. 42 des Gesetzes vorgeschriebenen Benachrichtigung von dem Ausbruche der Pest sind von den Behörden an das Kaiserliche Gesundheitsamt mitzutheilen:

a) täglich Uebersichten über die weiteren Erkrankungs- und Todesfälle unter Benennung der Ortschaften und Bezirke,

b) wöchentlich eine Nachweisung über den Verlauf der Seuche in den einzelnen Ortschaften nach Maßgabe des als Anlage 4 beigefügten Formulars.

Anlage 4.

Die täglichen Uebersichten sind auf kürzestem Wege zu übermitteln. Die Wochennachweisungen sind so zeitig abzusenden, daß bis Montag Mittag die Mittheilungen über die in der vorangegangenen Woche bis Sonnabend einschließlich gemeldeten Erkrankungen und Todesfälle im Gesundheitsamt eingehen.

Anlage 1.

Desinfektionsanweisung bei Pest.

I. Desinfektionsmittel.

a. Kresol, Karbolsäure.

1. Verdünntes Kresolwasser. Zur Herstellung wird 1 Gewichtstheil Kresolseifenlösung (Liquor Cresoli saponatus des Arzneibuchs für das Deutsche Reich, Vierte Ausgabe) mit 19 Gewichtstheilen Wasser gemischt. 100 Theile enthalten annähernd 2,5 Theile rohes Kresol —. Das Kresolwasser (Aqua cresolica des Arzneibuchs für das Deutsche Reich, Vierte Ausgabe) enthält in 100 Theilen 5 Theile rohes Kresol, ist also vor dem Gebrauche mit gleichen Theilen Wasser zu verdünnen. —

2. Karbolsäurelösung. 1 Gewichtstheil verflüssigte Karbolsäure (Acidum carbolicum liquefactum) wird mit 30 Gewichtstheilen Wasser gemischt.

b. Chlorkalk.

Der Chlorkalk hat nur dann eine ausreichende desinfizirende Wirkung, wenn er frisch bereitet und in wohlverschlossenen Gefäßen aufbewahrt ist; er muß stark nach Chlor riechen. Er wird in Mischung von 1 : 50 Gewichtstheilen Wasser verwendet.

c. Kalk und zwar:

1. Kalkmilch. Zur Herstellung derselben wird 1 Liter zerkleinerter reiner gebrannter Kalk, sogenannter Fettkalk, mit 4 Liter Wasser gemischt, und zwar in folgender Weise:

Es wird von dem Wasser etwa $^3/_4$ Liter in das zum Mischen bestimmte Gefäß gegossen und dann der Kalk hineingelegt. Nachdem der Kalk das Wasser aufgesogen hat und dabei zu Pulver zerfallen ist, wird er mit dem übrigen Wasser zu Kalkmilch verrührt.

2. Kalkbrühe, welche durch Verdünnung von 1 Theile Kalkmilch mit 9 Theilen Wasser frisch bereitet wird.

d. Kaliseife.

8 Gewichtstheile Kaliseife (sogenannte Schmierseife oder grüne Seife oder schwarze Seife) werden in 100 Gewichtstheilen siedend heißem Wasser gelöst (z. B. 1/2 Kilogramm Seife in 17 Liter Wasser).

Diese Lösung ist heiß zu verwenden.

e. Formaldehyd.

Der Formaldehyd ist ein stark riechendes, auf die Schleimhäute der Luftwege, der Nase, der Augen reizend wirkendes Gas, das aus Formalin, einer im Handel vorkommenden, etwa 35 prozentigen wässerigen Lösung des Formaldehyds (Formaldehydum solutum des Arzneibuchs) durch Kochen oder Zerstäubung mit Wasserdampf oder Erhitzen sich entwickeln läßt. Das Formalin ist bis zur Benutzung gut verschlossen und vor Licht geschützt aufzubewahren.

Der Formaldehyd in Gasform ist für die Desinfektion geschlossener oder allseitig gut abschließbarer Räume verwendbar und eignet sich zur Vernichtung von Krankheitskeimen, die an frei liegenden Flächen oberflächlich oder doch nur in geringer Tiefe haften. Zum Zustandekommen der desinfizirenden Wirkung sind erforderlich:

vorgängiger allseitig dichter Abschluß des zu desinfizirenden Raumes durch Verklebung, Verkittung aller Undichtigkeiten der Fenster und Thüren, der Ventilationsöffnungen und dergleichen,

Entwickelung von Formaldehyd in einem Mengenverhältnisse von wenigstens 5 Gramm auf je 1 Kubikmeter Luftraum, gleichzeitige Entwickelung von Wasserdampf bis zu einer vollständigen Sättigung der Luft des zu desinfizirenden Raumes (auf 100 Kubikmeter Raum sind 3 Liter Wasser zu verdampfen),

wenigstens sieben Stunden andauerndes ununterbrochenes Verschlossenbleiben des mit Formaldehyd und Wasserdampf erfüllten Raumes; diese Zeit kann bei Entwickelung doppelt großer Mengen von Formaldehyd auf die Hälfte abgekürzt werden.

Formaldehyd kann in Verbindung mit Wasserdampf von außen her durch Schlüssellöcher, durch kleine in die Thür gebohrte Oeffnungen und dergleichen in den zu desinfizirenden Raum geleitet werden. Werden Thüren und Fenster geschlossen vorgefunden und sind keine anderen Oeffnungen (z. B. für Ventilation, offene Ofenthüren) vorhanden, so empfiehlt es sich, die Desinfektion mittelst Formaldehyds auszuführen, ohne vorher das Zimmer zu betreten, beziehungsweise ohne die vorherigen Abdichtungen vorzunehmen; für diesen Fall ist die Entwickelung wenigstens vier Mal größerer Mengen Formaldehyds, als sie für die Desinfektion nach geschehener Abdichtung angegeben sind, erforderlich.

Die Desinfektion mittelst Formaldehyds darf nur nach bewährten Methoden ausgeübt und nur geübten Desinfektoren anvertraut werden, die für jeden einzelnen Fall mit genauer Anweisung zu versehen sind. Nach Beendigung der Desinfektion empfiehlt es sich, zur Beseitigung des den Räumen noch anhaftenden Formaldehydgeruchs Ammoniakgas einzuleiten.

f. Dampfapparate.

Als geeignet können nur solche Apparate und Einrichtungen angesehen werden, welche von Sachverständigen geprüft sind.

Auch Nothbehelfseinrichtungen können unter Umständen ausreichen.

Die Prüfung derartiger Apparate und Einrichtungen hat sich zu erstrecken namentlich auf die Anordnung der Dampfzuleitung und -Ableitung, auf die Handhabungsweise und die für eine gründliche Desinfektion erforderliche Dauer der Dampfeinwirkung.

Die Bedienung der Apparate u. s. w. ist, wenn irgend angängig, wohl unterrichteten Desinfektoren zu übertragen.

g. Siedehitze.

Auskochen in Wasser, Salzwasser oder Lauge wirkt desinfizirend. Die Flüssigkeit muß die Gegenstände vollständig bedecken und mindestens zehn Minuten lang im Sieden gehalten werden.

Unter den angeführten Desinfektionsmitteln ist die Auswahl nach Lage der Umstände zu treffen. Es ist zulässig, daß seitens der beamteten Aerzte unter Umständen auch andere in Bezug auf ihre desinfizirende Wirksamkeit erprobte Mittel angewendet werden; die Mischungs- beziehungsweise Lösungsverhältnisse sowie die Verwendungsweise solcher Mittel sind so zu wählen, daß der Erfolg der Desinfektion nicht nachsteht einer mit den unter a bis g bezeichneten Mitteln ausgeführten Desinfektion.

II. Anwendung der Desinfektionsmittel im Einzelnen.

1. Alle Ausscheidungen der Kranken (Wund- und Geschwürsausscheidungen, Auswurf und Nasenschleim, etwaige bei Sterbenden aus Mund und Nase hervorgequollene schaumige Flüssigkeit, Blut und Urin, Erbrochenes und Stuhlgang) sind mit dem unter I a beschriebenen verdünnten Kresolwasser oder durch Siedehitze (I g) zu desinfiziren. Es empfiehlt sich, solche Ausscheidungen unmittelbar in Gefäßen aufzufangen, welche

die Desinfektionsflüssigkeit in mindestens gleicher Menge enthalten, und sie hierauf mit der letzteren gründlich zu verrühren. Verbandgegenstände sind, wenn das Verbrennen derselben (vergl. Ziffer 9) nicht angängig ist, unmittelbar nach dem Gebrauch ebenfalls in solche mit verdünntem Kresolwasser (I a) beschickte Gefäße zu legen, so daß sie von der Flüssigkeit vollständig bedeckt sind.

Die Gemische sollen mindestens zwei Stunden stehen bleiben und dürfen erst dann beseitigt werden.

Schmutzwässer sind mit Chlorkalk oder Kalkmilch zu desinfiziren und zwar ist vom Chlorkalke so viel zuzusetzen, bis die Flüssigkeit stark nach Chlor riecht, von Kalkmilch so viel, daß das Gemisch rothes Lackmuspapier stark und dauernd blau färbt. In allen Fällen darf die Flüssigkeit erst nach zwei Stunden abgegossen werden.

2. Hände und sonstige Körpertheile müssen jedesmal, wenn sie mit infizirten Dingen (Ausscheidungen der Kranken, beschmutzter Wäsche u. s. w.) in Berührung gekommen sind, durch gründliches Waschen mit verdünntem Kresolwasser oder Karbolsäurelösung (I a) desinfizirt werden.

Bei Berührung mit infizirten Dingen, Pestkranken, Pestleichen, bei Desinfektionen von Häusern u. s. w. können die Hände vor dem Eindringen von Krankheitskeimen durch gründliches Einreiben mit Oel, Paraffinsalbe (Vaselin) und dergleichen geschützt werden.

3. Bett- und Leibwäsche sowie waschbare Kleidungsstücke und dergleichen sind entweder auszukochen (I g) oder in ein Gefäß mit verdünntem Kresolwasser oder Karbolsäurelösung (I a) zu stecken. Die Flüssigkeit muß in den Gefäßen die eingetauchten Gegenstände vollständig bedecken. In dem Kresolwasser oder der Karbolsäurelösung bleiben die Gegenstände wenigstens zwei Stunden. Dann werden sie mit Wasser gespült und weiter gereinigt. Das dabei ablaufende Wasser kann als unverdächtig behandelt werden.

4. Kleidungsstücke, die nicht gewaschen werden können, Matratzen, Teppiche und Alles, was sich zur Dampfdesinfektion eignet, sind in Dampfapparaten zu desinfiziren (I f).

5. Alle diese zu desinfizirenden Gegenstände sind beim Zusammenpacken und bevor sie nach den Desinfektionsanstalten oder -Apparaten geschafft werden, in Tücher, welche mit Karbolsäurelösung (I a) angefeuchtet sind, einzuschlagen und, wenn möglich, in gut schließenden Gefäßen zu verwahren.

Wer solche Wäsche u. s. w. vor der Desinfektion angefaßt hat, muß seine Hände in der unter Ziffer 2 anangegebenen Weise desinfiziren.

6. Zur Desinfektion infizirter oder der Infektion verdächtiger Räume, namentlich solcher, in denen sich Pestkranke aufgehalten haben, sind zunächst die Lagerstellen, Geräthschaften und dergleichen, ferner die Wände und der Fußboden, unter Umständen auch die Decke mittelst Lappen, die mit verdünntem Kresolwasser oder Karbolsäurelösung (I a) getränkt sind, gründlich abzuwaschen; besonders ist darauf zu achten, daß diese Lösungen auch in alle Spalten, Risse und Fugen eindringen.

Die Lagerstellen von Kranken oder von Verstorbenen und die in der Umgebung auf wenigstens 2 Meter Entfernung befindlichen Geräthschaften, Wand- und Fußbodenflächen sind bei dieser Desinfektion besonders zu berücksichtigen.

Alsdann sind die Räumlichkeiten und Geräthschaften mit einer reichlichen Menge Wasser oder Kaliseifenlösung (I d) zu spülen. Nach ausgeführter Desinfektion ist gründlich zu lüften.

7. Die Anwendung des Formaldehyds empfiehlt sich besonders zur sogenannten Oberflächendesinfektion. Außerdem gewährt sie den Desinfektoren einen gewissen Schutz vor einer Infektion bei den nach Ziffer 6 auszuführenden

mechanischen Desinfektionsarbeiten und ist möglichst vor dem Beginne sonstiger Desinfektion in der Weise auszuführen, daß die zu desinfizirenden Räumlichkeiten erst nach der beendeten Formaldehyddesinfektion betreten zu werden brauchen (vergl. I e Abs. 8).

Nach voraufgegangener Desinfektion mittelst Formaldehyds können nur die Wände, die Zimmerdecke, die freien glatten Flächen der Geräthschaften als desinfizirt gelten. Alles Uebrige, namentlich alle diejenigen Theile, welche Risse und Fugen aufweisen, sind gemäß den vorstehend gegebenen Vorschriften zu desinfiziren.

8. Gegenstände von Leder, Holz- und Metalltheile von Möbeln sowie ähnliche Gegenstände werden sorgfältig und wiederholt mit Lappen abgerieben, die mit verdünntem Kresolwasser oder Karbolsäurelösung (I a) befeuchtet sind. Die gebrauchten Lappen sind zu verbrennen.

Pelzwerk wird auf der Haarseite bis auf die Haarwurzel mit verdünntem Kresolwasser oder Karbolsäurelösung (I a) durchweicht. Nach zwölfstündiger Einwirkung derselben darf es ausgewaschen und weiter gereinigt werden.

Plüsch- und ähnliche Möbelbezüge werden nach Ziffer 8 und 4 desinfizirt oder mit verdünntem Kresolwasser oder Karbolsäurelösung (I a) durchfeuchtet, feucht gebürstet und mehrere Tage hinter einander gelüftet und dem Sonnenlicht ausgesetzt.

9. Gegenstände von geringem Werthe (Inhalt von Strohsäcken, gebrauchte Lappen und dergl.) sind zu verbrennen.

10. Etwa aufgefundene Kadaver von Nagethieren, namentlich von Ratten und Mäusen, sind in feuchte, mit verdünntem Kresolwasser oder Karbolsäurelösung (I a) getränkte Lappen einzuschlagen, ohne daß sie dabei mit den bloßen Fingern berührt werden; alsdann sind dieselben durch gründliches Auskochen — mindestens eine Stunde lang — unschädlich zu machen oder besser sofort zu ver-

brennen, oder, wenn beides nicht durchführbar, in einer hinreichend tiefen Grube, mit Kalkmilch reichlich übergossen, zu verscharren.

11. Durch Ausscheidungen von Kranken beschmutzte Erde, Pflaster sowie Rinnsteine, ferner der Platz, auf welchem Rattenkadaver gefunden wurden, werden durch Uebergießen mit verdünntem Kresolwasser (I a) oder Kalkmilch (I c 1) desinfizirt.

12. Soll sich die Desinfektion auch auf Personen erstrecken, so ist dafür Sorge zu tragen, daß dieselben ihren ganzen Körper mit Seife abwaschen und ein vollständiges Bad nehmen. Kleider und Effekten derselben sind nach Ziffer 3 und 4 zu behandeln.

13. Die Leichen der an Pest Gestorbenen sind in Tücher zu hüllen, welche mit einer der unter I a aufgeführten desinfizirenden Flüssigkeiten getränkt sind, und alsdann in dichte Särge zu legen, welche am Boden mit einer reichlichen Schicht Sägemehl, Torfmull oder anderen aufsaugenden Stoffen bedeckt sind.

14. Die Desinfektion des Kiel-(Bilge-)Raumes der im Fluß- und Binnenschiffahrtsverkehre benutzten Fahrzeuge, die Desinfektion des Ballastwassers und des etwa infizirten Trinkwassers ist nach den Vorschriften über die gesundheitspolizeiliche Kontrole der einen deutschen Hafen anlaufenden Seeschiffe zu bewirken.

15. Abweichungen von den Vorschriften unter Ziffer 1 bis 14 sind zulässig, soweit nach dem Gutachten des beamteten Arztes die Wirkung der Desinfektion gesichert ist.

Anlage 2.

Vorschriften
über
das Arbeiten und den Verkehr mit Pesterregern.

§. 1.

Die Aufbewahrung von lebenden Erregern der Pest sowie die Vornahme von wissenschaftlichen Versuchen mit diesen Erregern ist nur mit Erlaubniß der Landes-Zentralbehörde gestattet. Für das Kaiserliche Gesundheitsamt tritt an Stelle derselben das Reichsamt des Innern, für Militär- und Marineanstalten das zuständige Kriegsministerium beziehungsweise das Reichs-Marine-Amt.

§. 2.

Die Ertheilung der Erlaubniß ist von dem Nachweis abhängig, daß für die im §. 1 bezeichneten Arbeiten besondere Räume vorhanden sind, welche bezüglich ihrer Beschaffenheit, Einrichtung und Ausstattung folgende Voraussetzungen erfüllen:

1. Die Räume sollen durch eine massive Wand (ohne Thür) getrennt von anderen Räumen liegen und für sich einen eignen sicher abschließbaren Eingang besitzen. Das Schloß der Eingangsthür darf sich nur mittelst des dazu gehörigen Schlüssels öffnen lassen, nicht durch sogenannte Hauptschlüssel. Grundsätzlich sollen wenigstens zwei Räume vorhanden sein, von denen der eine hauptsächlich für die Züchtung des Erregers und für mikroskopische Untersuchungen und dergleichen, der andere hauptsächlich für Unterbringung, Sektion und Vernichtung der Versuchsthiere zu verwenden ist. Die

Räume sollen unmittelbar neben einander liegen und durch eine abschließbare Zwischenthür verbunden sein. Wenn nur ein einziger Raum zur Verfügung steht und ausnahmsweise für ausreichend erachtet wird, so empfiehlt es sich, diesen so herzurichten, daß eine sichere, gesonderte Unterbringung der Versuchsthiere darin gewährleistet wird.

2. Die Räume sollen gut lüftbar und für Licht überall, namentlich auch in den Winkeln, leicht zugänglich sein, glatte undurchlässige, leicht zu reinigende und zu desinfizirende Fußböden und Wände haben; sie sollen keine Oeffnungen besitzen, durch welche kleinere Thiere oder Ratten schlüpfen können. Lüftungsöffnungen sind mit dichten Drahtnetzen zu überziehen. Die Fenster müssen dicht schließen; werden sie geöffnet, so sind Einsätze mit engmaschigem Drahtgitter einzufügen.

3. Die Räume sollen für sich allein mit allen denjenigen Einrichtungen und Instrumenten ausgestattet sein, welche für die Züchtung von Mikroorganismen und zur Anstellung von Thierversuchen erforderlich sind; namentlich dürfen nicht fehlen:

a) ein mit sicherem Schlosse versehener Behälter zur Aufbewahrung lebender Kulturen und verdächtigen Materials,

b) Einrichtungen für sichere Unterbringung der Versuchsthiere (am zweckmäßigsten hohe, in Wasserdampf sterilisirbare Glasgefäße mit Drahtumhüllung und fest anschließendem Drahtdeckel mit Watteabschluß), ferner Einrichtungen für die Oeffnung der Thiere, für die Vernichtung der Kadaver und sonstiger infizirter Gegenstände, wie Streumaterialien und Futterreste (z. B. Verbrennungsofen, Dampfkochtopf, Gefäße mit konzentrirter Schwefelsäure),

c) Einrichtungen zur Desinfektion und Reinigung der Hände (Waschvorrichtung) und aller bei den Arbeiten gebrauchten Gegenstände (z. B. Autoklav oder Dampfkochtopf, Heißluftsterilisator).

4. Andere Gegenstände, als die zur Ausführung der Untersuchungen erforderlichen, dürfen in den Räumen nicht untergebracht werden.

§. 3.

Bei nicht staatlichen Anstalten mit Arbeitsräumen der im §. 2 bezeichneten Beschaffenheit ist die Ertheilung der Erlaubniß noch von dem Nachweis abhängig, daß der Leiter den erforderlichen Grad persönlicher Zuverlässigkeit und bakteriologischer Ausbildung besitzt.

Die Erlaubniß ist bei einem Wechsel des Leiters oder einer Veränderung der betreffenden Räume von neuem nachzusuchen. Sie ist jederzeit widerruflich.

§. 4.

Der Leiter der im §. 1 bezeichneten Versuche hat für die dauernde ordnungsmäßige Instandhaltung und für den gesammten Betrieb in den Arbeitsräumen, namentlich für die Durchführung der bei dem Aufbewahren von Kulturen der Pesterreger sowie bei Thierversuchen mit diesen Erregern zu beobachtenden Maßregeln Sorge zu tragen. Er darf in Behinderungsfällen sowie für einzelne Arbeiten und Verrichtungen nur solche Persönlichkeiten mit seiner Vertretung betrauen oder zu seiner Hülfe heranziehen, welche nach Vorbildung und persönlichen Eigenschaften (Zuverlässigkeit u. s. w.) im Stande sind, die volle Verantwortlichkeit zu übernehmen. Ständige Vertreter sind der Landes-Zentralbehörde namhaft zu machen und bedürfen ebenfalls Erlaubniß. Ist aus besonderen Gründen anderen Personen der Zutritt zu gestatten, so hat der Leiter die zur Sicherung gegen Ansteckungsgefahr erforderlichen Maßregeln zu treffen.

Es empfiehlt sich, daß die in Pestlaboratorien thätigen Personen (Leiter, Vertreter, Diener) aktiv gegen Pest immunisirt sind.

§. 5.

Die Verwendung von Dienern bei Arbeiten mit Pesterregern ist nur dann gestattet, wenn dieselben über die aus einer Verschleppung dieser Krankheitserreger entstehenden Gefahren wohl unterrichtet und in der sachgemäßen Behandlung bakteriologischer Geräthe, Kulturen und infizirter Thiere gut ausgebildet sind.

Alle dem Diener etwa übertragenen Arbeiten (wie Reinigung des Laboratoriums, Fütterung der Thiere, Desinfektion und Reinigung der Käfige, Unschädlichmachung und Vernichtung des Mistes, der Streu und der Kadaver) haben nach genauer Anweisung des Leiters zu geschehen.

Der Diener darf nur in Gegenwart und unter Aufsicht des Leiters oder seines Vertreters in den Arbeitsräumen sich aufhalten.

§. 6.

Während des Aufenthalts in den Arbeitsräumen sind leicht desinfizirbare und waschbare Schutzüberkleider zu tragen, welche vor dem Verlassen der Räume wieder abzulegen sind; diese Schutzkleider sind vor der Ausgabe zur Wäsche in den Arbeitsräumen selbst zu desinfiziren.

In den Räumen darf nur bei geschlossenen Thüren und Fenstern gearbeitet werden, das Rauchen in den Räumen ist verboten.

Sämmtliche mit infektionstüchtigem Material in Berührung gekommenen Gegenstände, ausgenommen das zur Aufbewahrung bestimmte Material, sind möchlichst sofort zu desinfiziren oder zu vernichten.

Bei den Arbeiten mit Versuchsthieren ist namentlich sorgfältig darauf zu achten, daß ein Entweichen von Thieren oder eine Verstreuung von infektionstüchtigem Materiale nicht stattfindet.

Thiere, welche in den Arbeitsräumen untergebracht waren, sind in diesen selbst zu vernichten; die Kadaver werden zweckmäßig entweder verbrannt oder in konzentrirter Schwefelsäure aufgelöst oder mittelst Dampfes sterilisirt.

Die Arbeitsräume sind außerhalb der Zeit ihrer Benutzung sicher verschlossen zu halten.

Vor dem Verlassen der Räume hat sich der Leiter oder sein Vertreter zu vergewissern, daß die Versuchsthiere und Kulturen sicher untergebracht sind und daß Infektionsmaterial nicht verstreut ist.

§. 7.

Die Kulturen der Pesterreger sowie das mit solchen behaftete Material sollen in einem besonderen Behälter (§. 2 Ziffer 3a) unter sicherem Verschluß aufbewahrt werden und dürfen den Dienern nicht zugänglich sein.

§. 8.

Der Handel mit Kulturen der Pesterreger sowie die Ueberlassung solcher Kulturen an Personen, welche die im §. 1 bezeichnete Erlaubniß nicht besitzen, ist verboten.

§. 9.

Die Versendung von lebenden Kulturen der Pesterreger erfolgt in zugeschmolzenen Glasröhren, die umgeben von einer weichen Hülle (Filtrirpapier und Watte oder Holzwolle) in einem durch übergreifenden Deckel gut ver- verschlossenen Blechgefäße stehen; das letztere ist seinerseits noch in einer Kiste mit Holzwolle oder Watte zu verpacken. Es empfiehlt sich, nur frisch angelegte, noch nicht im Brutschranke gehaltene Aussaaten auf festem Nährboden zu versenden. In entsprechender Weise wie die Kulturen ist Pestmaterial zu verpacken.

Die Sendung muß mit starkem Bindfaden umschnürt, versiegelt und mit deutlich geschriebener Adresse sowie mit dem Vermerke „Vorsicht“ versehen werden. Bei Beförderung durch die Post ist die Sendung als dringendes Packet aufzugeben und dem Empfänger telegraphisch anzukündigen.

§. 10.

Durch diese Vorschriften werden nicht betroffen Untersuchungen des behandelnden approbirten Arztes zu ausschließlich diagnostischen Zwecken bis zur Feststellung des Krankheitscharakters nach üblichen bakteriologischen Untersuchungsmethoden; durch solche Untersuchungen darf jedoch die Meldung pestverdächtiger Fälle keinen Aufschub erleiden.

Auch werden durch diese Vorschriften die allgemeinen disziplinaren Verhältnisse der Leiter von Versuchen mit Pesterregern zu den Vorstehern der Anstalten, an welchen sie beschäftigt werden, nicht berührt.

Anlage 3.

Grundsätze für Maßnahmen im Eisenbahnverkehre zu Pestzeiten.

1. Beim Auftreten der Pest findet eine allgemeine und regelmäßige Untersuchung der Reisenden nicht statt; es werden jedoch dem Eisenbahnpersonale bekannt gegeben:

a) die Stationen, auf welchen Aerzte sofort erreichbar und zur Verfügung sind,

b) die Stationen, bei welchen geeignete Krankenhäuser zur Unterbringung von Pestkranken bereit stehen (Krankenübergabestationen).

Die Bezeichnung dieser Stationen erfolgt durch die Landes-Zentralbehörde unter Berücksichtigung der Verbreitung der Seuche und der Verkehrsverhältnisse.

Ein Verzeichniß der unter a und b bezeichneten Stationen ist, nach der geographischen Reihenfolge der Stationen geordnet, jedem Führer eines Zuges, welcher zur Personenbeförderung dient, zu übergeben.

2. Auf den zu 1a und b bezeichneten Stationen sowie, falls eine ärztliche Ueberwachung der Reisenden an der Grenze angeordnet ist, auf den Zollrevisionsstationen sind zur Vornahme der Untersuchung Erkrankter die erforderlichen, entsprechend auszustattenden Räume von der Eisenbahnverwaltung, soweit sie ihr zur Verfügung stehen, herzugeben.

3. Die Schaffner haben dem Zugführer von jeder während der Fahrt vorkommenden auffälligen Erkrankung sofort Meldung zu machen.

Der Schaffner hat sich des Erkrankten nach Kräften anzunehmen; er hat alsdann jedoch jede Berührung mit anderen Personen nach Möglichkeit zu vermeiden.

Der Erkrankte ist der nächsten im Verzeichniß aufgeführten Uebergabestation zu übergeben, wenn er dies wünscht oder wenn sein Zustand eine Weiterbeförderung unthunlich macht. Berührt der Zug vor der Ankunft auf der nächsten Uebergabestation eine Zwischenstation, so hat der Zugführer sofort beim Eintreffen dem diensthabenden Stationsbeamten Anzeige zu machen; dieser hat alsdann der Krankenübergabestation ungesäumt telegraphisch Meldung zu erstatten, damit möglichst die unmittelbare Abnahme des Erkrankten aus dem Zuge selbst durch die

Krankenhausverwaltung, die Polizei- oder die Gesundheitsbehörde veranlaßt werden kann.

Verlangt der Erkrankte seine Reise fortzusetzen, so ist die ärztliche Entscheidung darüber, ob der Reisende weiter befördert werden darf, auf der nächsten Station, auf welcher ein Arzt anwesend ist, einzuholen.

Will der Erkrankte den Zug auf einer Station vor der nächsten Uebergabestation verlassen, so ist er hieran nicht zu hindern. Der Zugführer hat aber dem diensthabenden Beamten der Station, auf welcher der Erkrankte den Zug verläßt, Meldung zu machen, damit der Beamte, falls der Erkrankte nicht bis zum Eintreffen ärztlicher Hülfe auf dem Bahnhofe, wo er möglichst abzusondern sein würde, bleiben will, seinen Namen, Wohnort und sein Absteigequartier feststellen und unverzüglich der nächsten Polizeibehörde unter Angabe der näheren Umstände mittheilen kann.

4. Erkrankt ein Reisender unterwegs in auffälliger Weise, so sind alsbald sämmtliche Mitreisenden, ausgenommen solche Personen, welche zu seiner Unterstützung bei ihm bleiben, aus dem Wagenabtheil, in welchem der Erkrankte sich befindet, zu entfernen und in einem anderen Abtheil, abgesondert von den übrigen Reisenden, unterzubringen. Bei der Ankunft auf der Krankenübergabestation sind diejenigen Personen, welche sich mit dem Kranken in demselben Wagenabtheile befunden haben, sofort dem etwa anwesenden Arzte zu bezeichnen, damit dieser denselben die nöthigen Weisungen ertheilen kann.

Im Uebrigen muß das Eisenbahnpersonal beim Vorkommen verdächtiger Erkrankungen mit der größten Vorsicht und Ruhe vorgehen, damit Alles vermieden wird, was zu unnöthigen Besorgnissen unter den Reisenden oder sonst beim Publikum Anlaß geben könnte.

5. Der Wagen, in welchem sich ein Pestkranker befunden hat, ist sofort außer Dienst zu stellen und der nächsten geeigneten Station zur Desinfektion zu über-

geben. Die näheren Vorschriften über diese Desinfektion sowie über die sonstige Behandlung der Eisenbahn-Personen- und Schlafwagen bei Pestgefahr enthält die beigefügte Anweisung A.

6. Eine Beschränkung des Eisenbahngepäck- und Güterverkehrs findet, abgesehen von den bezüglich einzelner Gegenstände ergehenden Ausfuhr- und Einfuhrverboten, nicht statt. A.

7. Eine Desinfektion von Reisegepäck und Gütern findet nur in folgenden Fällen statt:

a) Auf den zu 2 bezeichneten Zollrevisionsstationen erfolgt auf ärztliche Anordnung zwangsweise die Desinfektion von schmutziger Wäsche, alten und getragenen Kleidungsstücken und sonstigen Gegenständen, welche zum Gepäck eines Reisenden gehören oder als Umzugsgut anzusehen sind und aus einem pestverseuchten Bezirke stammen, sofern dieselben nach ärztlichem Ermessen als mit dem Ansteckungsstoffe der Pest behaftet zu erachten sind.

b) Im Uebrigen erfolgt eine Desinfektion von Expreß-, Eil- und Frachtgütern — auch auf den Zollrevisionsstationen — nur bei solchen Gegenständen, welche nach Ansicht der Ortsgesundheitsbehörde als mit dem Ansteckungsstoffe der Pest behaftet zu erachten sind.

Briefe und Korrespondenzen, Drucksachen, Bücher, Zeitungen, Geschäftspapiere u. s. w. unterliegen keiner Desinfektion.

Die Einrichtung und Ausführung der Desinfektion wird von den Gesundheitsbehörden veranlaßt, welchen von dem Eisenbahnpersonale thunlichst Hülfe zu leisten ist.

8. Sämmtliche Beamte der Eisenbahnverwaltung haben den Anforderungen der Polizeibehörden und der beaufsichtigenden Aerzte, soweit es in ihren Kräften steht und nach den dienstlichen Verhältnissen ausführbar ist, unbedingte Folge zu leisten und auch ohne besondere

Aufforderung denselben alle erforderlichen Mittheilungen zu machen. Von allen Dienstanweisungen und Maßnahmen gegen die Pestgefahr und von allen getroffenen Anordnungen und Einrichtungen ist stets sofort den dabei in Frage kommenden Gesundheitsbehörden Mittheilung zu machen.

9. Ein Auszug dieser Anweisung, welcher die Verhaltungsmaßregeln für das Eisenbahnpersonal bei pestverdächtigen Erkrankungen auf der Eisenbahnfahrt enthält, ist beigefügt. Von diesen Verhaltungsmaßregeln ist jedem Fahrbeamten eines jeden zur Personenbeförderung dienenden Zuges ein Abdruck zuzustellen.

10. Von jedem durch den Arzt als Pest erkannten Erkrankungsfall ist seitens des betreffenden Stationsvorstehers sofort der vorgesetzten Betriebsbehörde und der Ortspolizeibehörde schriftliche Anzeige zu erstatten, welche, soweit sie zu erlangen sind, folgende Angaben enthalten soll:

a) Ort und Tag der Erkrankung;
b) Name, Geschlecht, Alter, Stand oder Gewerbe des Erkrankten;
c) woher der Kranke zugereist ist;
d) wo der Kranke untergebracht ist.

A.

Anweisung über die Behandlung der Eisenbahn-Personen- und Schlafwagen bei Pestgefahr.

1. Während eines Pestausbruchs im Inland oder in einem benachbarten Gebiet ist für besonders sorgfältige

Reinigung und Lüftung der dem Personenverkehre dienenden Wagen Sorge zu tragen; es gilt dies namentlich in Bezug auf Wagen der 3. und 4. Klasse, welche zu Massentransporten von Personen aus einer von der Pest ergriffenen Gegend gedient haben.

2. Ein Personenwagen, in welchem ein Pestkranker sich befunden hat, ist sofort außer Dienst zu stellen und der nächsten mit den nöthigen Einrichtungen versehenen Station zur Desinfektion zu überweisen, welche in nachstehend angegebener Weise zu bewirken ist.

Etwaige grobe Verunreinigungen im Innern des Wagens sind durch sorgfältiges und wiederholtes Abreiben mit Lappen, welche mit Karbolsäurelösung befeuchtet sind, zu beseitigen. Alsdann sind die Läufer, Matten, Teppiche, Vorhänge und beweglichen Polster abzunehmen, in Tücher, welche mit Karbolsäurelösung stark angefeuchtet sind, einzuschlagen und der Dampfdesinfektion zu unterwerfen. Ein vorheriges Ausklopfen dieser Gegenstände ist zu vermeiden. Gegenstände aus Leder, welche eine Dampfdesinfektion nicht vertragen, sind mit Karbolsäurelösung gründlich abzureiben. Demnächst ist der Wagen durchweg einer sorgfältigen Reinigung, wobei seine abwaschbaren Theile mit Karbolsäurelösung zu behandeln sind, zu unterwerfen und sodann in einem warmen, luftigen und trockenen Raume mindestens drei Tage lang aufzustellen.

Die bei der Reinigung verwendeten Lappen sind zu verbrennen.

Zur Herstellung der Karbolsäurelösung wird 1 Gewichtstheil verflüssigte Karbolsäure (Acidum carbolicum liquefactum des Arzneibuchs für das Deutsche Reich) mit 30 Gewichtstheilen Wasser gemischt.

3. Ist ein Schlafwagen von einem Pestkranken benutzt worden, so muß die während der Fahrt gebrauchte Wäsche desinfizirt werden. Zu diesem Zwecke ist sie in Tücher, welche mit Karbolsäurelösung stark befeuchtet sind,

einzuschlagen und alsdann in ein Gefäß mit Karbolsäurelösung so, daß sie von der Flüssigkeit vollständig bedeckt wird, zu legen; frühestens nach zwei Stunden ist dann die Wäsche mit Wasser zu spülen und zu reinigen. Zur Wäsche sind zu rechnen: die Laken, die Bezüge der Bettkissen und der Decken sowie die Handtücher. Die Desinfektion des Wagens selbst hat in der unter Ziffer 2 vorgeschriebenen Weise zu erfolgen; dabei sind jedoch auch die von dem Kranken benutzten Bettkissen, Decken und beweglichen Matratzen in der dort angegebenen Weise einzuschlagen und alsdann der Dampfdesinfektion zu unterwerfen. Statt der Desinfektion mit Karbolsäurelösung kann die Wäsche auch der Dampfdesinfektion unterworfen werden.

Für den Fall, daß es sich als nothwendig erweisen sollte, einen Schlafwagenlauf gänzlich einzustellen, bleibt Bestimmung vorbehalten.

4. Die vorstehenden Bestimmungen finden sinngemäße Anwendung bei Erkrankungen von Zug- und Postbeamten in den von ihnen benutzten Gepäck- und Postwagen.

5. Die mit der Desinfektion beauftragten Arbeiter haben jedesmal, wenn sie mit infizirten Dingen in Berührung gekommen sind, die Hände durch sorgfältiges Waschen mit Karbolsäurelösung zu desinfiziren und sich sonst gründlich zu reinigen. Es empfiehlt sich, daß die Desinfektoren waschbare Oberkleider tragen; diese sind in derselben Weise wie die Wäsche aus den Schlafwagen zu desinfiziren.

B.

Verhaltungsmaßregeln für das Eisenbahnpersonal bei pestverdächtigen Erkrankungen auf der Eisenbahnfahrt.

1. Von jeder auffälligen Erkrankung, welche während der Eisenbahnfahrt vorkommt, hat der Schaffner dem Zugführer sofort Meldung zu machen.

2. Der Schaffner hat sich des Erkrankten nach Kräften anzunehmen; er hat alsdann jedoch jede Berührung mit anderen Personen nach Möglichkeit zu vermeiden.

3. Der Erkrankte ist der nächsten im Verzeichniß aufgeführten Uebergabestation zu übergeben, wenn er dies wünscht oder wenn sein Zustand eine Weiterbeförderung unthunlich macht. Berührt der Zug vor der Ankunft auf der nächsten Uebergabestation eine Zwischenstation, so hat der Zugführer sofort beim Eintreffen dem diensthabenden Stationsbeamten Anzeige zu machen; dieser hat alsdann der Krankenübergabestation ungesäumt telegraphisch Meldung zu erstatten, damit möglichst die unmittelbare Abnahme des Erkrankten aus dem Zuge selbst durch die Krankenhausverwaltung, die Polizei- oder die Gesundheitsbehörde veranlaßt werden kann.

Verlangt der Erkrankte seine Reise fortzusetzen, so ist die ärztliche Entscheidung darüber, ob der Reisende weiter befördert werden darf, auf der nächsten Station, auf welcher ein Arzt anwesend ist, einzuholen. Will der Erkrankte den Zug auf einer Station vor der nächsten Uebergabestation verlassen, so ist er hieran nicht zu hindern, der Zugführer hat aber dem diensthabenden Beamten der Station, auf welcher der Erkrankte den Zug verläßt, Meldung zu machen, damit der Beamte, falls der Erkrankte nicht bis zum Eintreffen ärztlicher Hülfe auf dem Bahnhofe, wo er möglichst abzusondern sein würde, bleiben will, seinen Namen, Wohnort und sein Absteigequartier feststellen und unverzüglich der nächsten Polizeibehörde unter Angabe der näheren Umstände mittheilen kann.

4. Sämmtliche Mitreisenden, ausgenommen solche Personen, welche zur Unterstützung bei dem Erkrankten bleiben, sind aus dem Wagenabtheil, in welchem sich derselbe befindet, zu entfernen und in einem anderen Abtheil, abgesondert von den übrigen Reisenden, unterzubringen.

5. Die Zugbeamten haben, wenn sie mit einem Erkrankten in Berührung gekommen sind, sich sorgfältig zu reinigen. Das Gleiche ist Reisenden in derselben Lage zu empfehlen.

Anlage 4.

Wöchentlich dem Kaiserlichen Gesundheitsamt einzusenden.

Nachweisung

über

die in der Zeit vom .... bis .... 1......

vorgekommenen Pestfälle.

Pestverdächtige Fälle sind nicht aufzunehmen.

Name der Ortschaft (mit Angabe des Verwaltungsbezirkes)	Einwohnerzahl (letzte Volkszählung)	Neu erkrankt sind	Davon innerhalb der letzten 10 Tage vor der Erkrankung oder bereits krank von auswärts zugegangen	Gestorben sind	Bemerkungen (insbesondere Tag des Ausbruchs im Berichtsort; Angabe des Ortes, woher die in Spalte 4 aufgeführten Personen zugezogen sind, u. s. w.)
1.	2.	3.	4.	5.	6.

A. W. Hayn's Erben, Berlin und Potsdam.

Verzeichnis

der

Guttentag'schen Sammlung Deutscher Reichs- und Preussischer Gesetze

Text-Ausgaben

mit Anmerkungen u. Sachregister

Guttentag'sche Sammlung

Deutscher Reichsgesetze.

Text-Ausgaben mit Anmerkungen. Taschenformat.

---

1. **Verfassung** des Deutschen Reichs. Von Dr. **L. von Rönne.** Neunte Auflage von Landrat **Paul von Rönne.** 1904. 2 M. 40 Pf.

2. **Strafgesetzbuch** für das Deutsche Reich. Nebst den gebräuchlichsten Reichs-Strafgesetzen. Von Dr. **H. Rüdorff.** Zweiundzwanzigste Auflage von Dr. **H. Appelius,** Kammergerichtsrat. 1907. 1 M. 50 Pf.

   Die §§ 95—101, geändert durch Gesetz vom 17. Februar 1908, in neuer Fassung.

3. **Militärstrafgerichtsordnung** von Senatspräsident Dr. **Paul Herz.** 1902. Dritte Auflage. Aus dem Handel gezogen; — dafür **Text-Ausgaben** ohne Anmerkungen auf S. 24. 1 M. 50 Pf.

4. **Handelsgesetzbuch vom 10. Mai 1897** unter Ausschluß des Seerechts. Mit den ergänzenden Vorschriften des Bürgerlichen Gesetzbuchs und Erläuterungen von **F. Litthauer,** Justizrat. Dreizehnte Auflage herausgegeben von Geh. Justizrat Prof. Dr. **A. Mosse,** Oberlandesgerichtsrat. 1905. 3 M.

5. Allgemeine Deutsche **Wechselordnung.** Neunte Auflage von Justizrat Dr. **J. Stranz** und Rechtsanwalt Dr. **M. Stranz,** und das Reichsgesetz über die **Wechsel-**

stempelsteuer.*) Von Regierungsrat **P. Loeck.** Achte Auflage. 1906. 3 M.

*) Ist auch einzeln zu haben. Preis 1 M. 25 Pf.

6. **Gewerbeordnung** für das Deutsche Reich nebst allen Ausführungsbestimmungen. Ursprünglich herausgegeben von **T. Ph. Berger** und Dr. **L. Wilhelmi.** Siebzehnte Auflage bearbeitet von Oberverwaltungsgerichtsrat **H. Spangenberg.** 1907. 3 M.
   Ergänzungsband hierzu: **Preußische Ausführungsanweisung.** 1904. 2 M.

7. Die deutsche **Post- und Telegraphen-Gesetzgebung.** Nebst dem Weltpostvertrag und dem internationalen Telegraphenvertrag. Von Wirkl. Geh. Rat Dr. **Fischer.** Fünfte Auflage bearbeitet von Geh. Postrat Dr. **M. König.** 1902. 3 M.

8 Die Reichsgesetze über den **Unterstützungswohnsitz** in der Fassung der Novelle vom 12. März 1894, **die Freizügigkeit, den Erwerb und Verlust der Bundes- und Staatsangehörigkeit,** nebst allen landesgesetzlichen Bestimmungen. Von Geheimrat Dr. **J. Krech,** Mitglied des Bundesamtes für das Heimatwesen. Sechste Auflage. 1907. 3 M.

9. Sammlung **kleinerer strafrechtlicher Reichsgesetze.** Mit den Entscheidungen des Reichsgerichts, bearbeitet von **M. Werner,** Geh. Ober-Regierungsrat. Zweite Auflage. 1903. 3 M.

(Inhalt ca. 25 verschiedene Gesetze.)

10. Das **Reichsbeamtengesetz** und seine Ergänzungen. Erläutert von **J. Pieper.** Zweite Auflage. 1901. 4 M. 50 Pf.

— In der Fassung von 1907 siehe Nr. 82.

11. **Zivilprozeßordnung mit Gerichtsverfassungsgesetz** in den neuesten Fassungen. Herausgegeben zunächst von **R. Sydow,** Unterstaatssekretär, weiter bearbeitet von **L. Busch,** Reichsgerichtsrat. Zehnte Auflage. (In größerem Oktav-Format.) 1905. 6 M.

12. **Strafprozeßordnung und Gerichtsverfassungsgesetz** nebst den Gesetzen, betreffend die Entschädigung der im Wiederaufnahmeverfahren freigesprochenen Personen und die Entschädigung für unschuldig erlittene Untersuchungshaft. Von Dr. **A. Hellweg,** Reichsgerichtsrat. Vierzehnte Auflage. 1907. 2 M.

13. **Konkursordnung und Anfechtungsgesetz.** Von **R. Sydow.** Weiter bearbeitet von **L. Busch.** Zehnte Auflage. 1906. 2 M. 25 Pf.

14. **Gerichtsverfassungsgesetz** mit Einführungsgesetz. Herausgegeben von **R. Sydow** und **L. Busch.** Neunte Auflage. 1905. 1 M. 50 Pf.

15. Das **Deutsche Gerichtskostengesetz** nebst den Gebührenordnungen für Gerichtsvollzieher, Zeugen und Sachverständige. Herausgegeben mit Kosten-

tabellen von **R. Sydow.** Weiter bearbeitet von **L. Busch.** Achte Auflage. 1907. 2 M.

16. **Rechtsanwaltsordnung.** Von **R. Sydow.** Sechste Auflage von Justizrat **M. Jacobsohn.** 1907. 1 M. 20 Pf.

17. Die **Deutsche Gebührenordnung für Rechtsanwälte und das Preußische Gebührengesetz** vom 27. September/6. Oktober 1899. Von **R. Sydow** und **L. Busch.** Siebente Auflage. 1903. 1 M. 60 Pf.

18. **Reichsstempelgesetz (Börsensteuer, Frachturkunde, Kraftfahrzeuge, Personenfahrkarte, Tantieme für Aufsichtsratsmitglieder).** Vom 3. Juni 1906. Nebst Ausführungsbestimmungen und Entscheidungen. Neunte Auflage von **P. Loeck,** Regierungsrat. (In größerem Oktav-Format.) 1906. 4 M. 50 Pf.

19. Die **Seegesetzgebung.** Von Dr. **W. E. Knitschky.** Dritte Auflage bearbeitet von Oberlandesgerichtsrat **Otto Rudorff** in Hamburg 1902. 4 M. 50 Pf.

20. **Krankenversicherungsgesetz.** Von weil. Dr. **E. von Woedtke,** Direktor im Reichsamte des Innern. Elfte Auflage bearbeitet von Dr. **G. Eucken-Addenhausen,** Geh. Reg.-Rat und vortr. Rat im Reichsamte des Innern. 1905. 3 M.

21. Die **Konsulargesetzgebung.** Von Professor Dr. **Ph. Zorn.** Zweite Auflage. 1901. 3 M.

22. **Patentgesetz.** Nebst Ausführungsbestimmungen, völkerrechtlichen Verträgen und der Patentanwalts-Ordnung unter eingehender Berücksichtigung der Rechtsprechung des Reichsgerichts und der Praxis des Patentamts. Erläutert von Professor Dr. **R. Stephan,** Geh. Reg.-Rat, Mitglied des Kaiserlichen Patentamts. Sechste Auflage. 1904. 2 M.

Gesetz zum **Schutz der Warenbezeichnungen.** Nebst Ausführungsbestimmungen. Siehe Seite 16 Nr. 87.

23. **Gewerbe-Unfallversicherungsgesetz.** Von weil. Dr. **E. v. Woedtke.** Neunte neubearbeitete Auflage von **Franz Caspar,** Direktor im Reichsamt des Innern. 1907. 2 M. 50 Pf.

24. **Aktiengesellschaft und Kommanditgesellschaften auf Aktien.** (Handelsgesetzbuch, II. Buch, Abschnitt 3 und 4). Mit Anmerkungen von Justizrat Dr. **H. Veit Simon** und Amtsrichter **L. Keyssner.** 1908. Sechste Auflage. Im Druck.

25. **Brausteuergesetz** vom 3. Juni 1906 mit Ausführungsvorschriften. Von **A. Düffe,** Obersteuerkontrolleur. 1907. 3 M.

26. Die Reichsgesetzgebung über **Münz- und Notenbankwesen,** Papiergeld, Prämienpapiere und Reichsschulden. Von Dr. jur. **R. Koch,** Präsident des Reichsbankdirektoriums. Fünfte Auflage. 1905. 3 M.

27. Die Gesetzgebung, betr. das **Gesundheitswesen** im Deutschen Reich für Behörden, Aerzte ꝛc. Von Dr. jur. **C. Goesch** und Dr. med. **J. Karsten.** 1888. 1 M. 60 Pf.

28. **Bau-Unfallversicherungsgesetz.** Vom 30. Juni 1900. Von **R. Chrzescinski,** Kaiserl. Regierungsrat. Dritte Auflage. 1900. 2 M.

29. Reichsgesetz, betr. die **Erwerbs- und Wirtschaftsgenossenschaften.** Von **L. Parisius** und Dr. **H. Crüger.** Zwölfte Auflage bearbeitet von Dr. **H. Crüger.** 1907. 1 M. 50 Pf.

30. **Invalidenversicherungsgesetz** vom 13. Juli 1899. Von weil. Dr. **E. v. Woedtke.** Zehnte Auflage von Regierungsrat **H. Follmann.** 1906. 4 M.

31. **Gewerbegerichtsgesetz.** Von Stadtrat **L. Mugdan.** Sechste Auflage bearbeitet von **W. Cuno,** Erstem Bürgermeister zu Hagen i. W. 1906. 2 M. 20 Pf.

32. Reichsgesetz, betr. die **Gesellschaften mit beschränkter Haftung.** Von **L. Parisius** und Dr. **H. Crüger.** Neunte Auflage von Dr. **H. Crüger.** 1907. 1,40 M.

33. **Vereins- und Versammlungsrecht** in Deutschland. Von Dr. **E. Ball.** Zweite, völlig neubearbeitete Auflage von Dr. **F. Friedenthal.** 1907. 2 M. 50 Pf.

34. Reichsgesetz, betreffend die **Abzahlungsgeschäfte.** Vom 16. Mai 1894. Von **J. Hoffmann.** Zweite vermehrte Auflage besorgt von Dr. **E. Wilke,** Landgerichtsrat. 1901. 1 M. 20 Pf.

35. Die **Reichs-Eisenbahngesetzgebung.** Von **W. Coermann,** Kaiserl. Amtsrichter. 1895. 2 M. 25 Pf.

36. Gesetze, betr. die **privatrechtlichen Verhältnisse der Binnenschiffahrt und der Flößerei.** Dritte Auflage von **E. Löwe,** Landgerichtsrat. 1903. 3 M.

37. Gesetz zur **Bekämpfung des unlauteren Wettbewerbes.** Vom 27. Mai 1896. Von Dr. **R. Stephan,** Geh. Regierungsrat. Dritte Auflage. 1903. 1 M.

38/39. **Bürgerliches Gesetzbuch nebst Einführungsgesetz.** Nach dem Tode des ursprünglichen Herausgebers Reichsgerichtsrats a. D. Dr. **A. Achilles** in Verbindung mit Professor Dr. **André,** Kammergerichtsrat **Ritgen,** Ober-Landesgerichtsrat **Strecker,** Ober-Regierungsrat Dr. **Unzner** herausgegeben von Geh. Ober-Justizrat **Greiff.** Fünfte Auflage. (In größerem Oktav-Format) 1906. 6 M. 50 Pf.

40. Gesetz, betr. die **Pflichten der Kaufleute bei Aufbewahrung fremder Wertpapiere (Depotgesetz).** Mit Erläuterungen. Von **F. Lusensky,** Geh. Ober-Regierungsrat. Zweite Auflage. 1905. 1 M.

41. **Börsengesetz.** Vom 22. Juni 1896. Nebst Ausführungsbestimmungen. Unter Mitwirkung des Direktors im Reichsamt des Innern **A. Wermuth** bearbeitet von Regierungsrat **H. Brendel.** 1897. 1 M. 50 Pf.

42. **Grundbuchordnung** nebst den preußischen Ausführungsbestimmungen. Mit Einleitung. Von Prof. Dr. **O. Fischer.** Vierte Auflage. 1906. 2 M.

43. Die Gesetzgebung, betr. die **Zwangsvollstreckung in das unbewegliche Vermögen** im Reiche und in Preußen. Mit Einleitung, Kosten- und Gebührentabellen. Von Dr. **J. Krech,** Kaiserl. Geh. Regierungsrat und Professor Dr. **O. Fischer.** Fünfte Auflage. 1907. 2 M.

44. Das Reichsgesetz über das **Auswanderungswesen** vom 9. Juni 1897 nebst Ausführungsverordnungen und Anlagen. Unter Benutzung amtlicher Quellen. Von Professor Dr. **Felix Stoerk.** 1899. 2 M. 25 Pf.

45. Das **Entmündigungsrecht** unter Berücksichtigung der für Preußen geltenden Vorschriften nebst der preußischen Justiz-Ministerial-Verfügung vom 28. November 1899. Text der zivil- und prozeßrechtlichen Bestimmungen mit Erläuterungen von Landgerichtsrat Dr. **P. Koll** in **Cöln.** 1900. 1 M. 50 Pf.

46. Die Gesetze des Reiches und Preußens über die **freiwillige Gerichtsbarkeit.** Mit Einleitung von **Herm. Jastrow,** Amtsgerichtsrat. Vierte Auflage. 1906. 3 M.

47. Das **deutsche Vormundschaftsrecht** und das preuß. Gesetz über die Fürsorgeerziehung Minderjähriger nebst den dazu gehörigen preußischen Nebengesetzen. Von **Max Schultzenstein,** Oberverwaltungsgerichtsrat und Amtsgerichtsrat Dr. **Paul Köhne.** Zweite Auflage. 1901. 3 M.

48. Gesetze und Verordnungen, betr. den **Drogen-, Gift- und Farbenhandel** außerhalb der Apotheken. Von Dr. **Broh,** Rechtsanwalt. 1899. 1 M. 25 Pf.

49. Deutsche **Kolonialgesetzgebung.** Von Professor Dr. **Philipp Zorn.** 1901. 4 M. 50 Pf.

50. Der **Viehkauf** (Viehgewährschaft) nach dem Bürgerlichen Gesetzbuche. Nebst Verordn. betr. die Hauptmängel und Gewährsfristen beim Viehhandel. Von Rechtsanwalt Dr. **H. Stölzle** und **H. Weiskopf,** Königl. Kreistierarzt in Augsburg. Dritte Auflage. 1904. 3 M.

51. **Hypothekenbankgesetz** vom 13. Juli 1899. Von Dr. **H. Göppert,** Gerichts-Assessor. 1900. 1 M. 80 Pf.

52. Gesetz, betreffend die gemeinsamen **Rechte der Besitzer von Schuldverschreibungen.** Von Dr. **Heinrich Göppert,** Gerichts-Assessor. 1900. 2 M.

53. **Reichspreßgesetz** vom 7. Mai 1874 nebst den einschlägigen Bestimmungen des Strafgesetzbuchs, der Gewerbeordnung ꝛc. Kommentar von **A. Born,** Polizeiassessor. 1900. 1 M. 50 Pf.

54. Die Reichsgesetzgebung über den Verkehr mit **Nahrungsmitteln, Genußmitteln** und **Gebrauchsgegenständen.** Von Dr. **Georg Lebbin,** Nahrungsmittelchemiker. 1900. 2 M. 25 Pf.

55. Das Recht der **Beschlagnahme von Lohn- und Gehaltsforderungen.** Auf Grundlage der Reichsgesetze vom 21. Juni 1869 u. 29. März 1897 und der Zivilprozeßordnung. Von Justizrat **Georg Meyer.** Dritte Auflage. 1908. Im Druck.

56. **Gesetz,** betr. die **Bekämpfung gemeingefährlicher Krankheiten.** Nebst Ausführungsbestimmungen. Von Dr. **Bruno Burkhardt,** Regierungsrat, Mitglied des Kais. Gesundheitsamts. 1900. 1 M. 40 Pf.

57. **See-Unfallversicherungsgesetz.** Von **Dr. Max Mittelstein,** Oberlandesgerichtsrat in Hamburg. 1901 2 M.

58. **Das Recht der unehelichen Kinder** nach dem BGB. Von **Hermann Jastrow,** Amtsg.-Rat. 1901. 1 M. 80 Pf.

59. Reichsgesetz über die **Beurkundung des Personenstandes und die Eheschließung.** Von Dr. **F. Fidler,** Amtgerichtsrat. 1901. 1 M. 80 Pf.

60. Gesetz, betreffend das **Urheberrecht an Werken der Literatur und der Tonkunst.** Von Landrichter **Otto Lindemann.** Zweite Auflage. 1907. 1 M. 60 Pf.

61. Gesetz über das **Verlagsrecht.** Von Justizrat **Ernst Heinitz.** 1901. 1 M. 50 Pf.

62. Gesetz über die **privaten Versicherungsunternehmungen.** Von **H. Könige,** Reichsgerichtsrat. 2. Auflage in Bearbeitung.

63. **Gesetzestafel des Deutschen Reichsrechts.** Systematisch geordnete Nachweisung des z. Z. geltenden Reichsrechts. Ergänzungsband zu der Guttentag'schen Sammlung Deutscher Reichsgesetze. Von **Hugo Bruhns,** Syndikus. 1902. 8°. 2 M. 50 Pf.

64. Gesetzsammlung betr. den **Handel mit Drogen und Giften.** Reichsgesetzl. Bestimmungen und Anhang mit den landesgesetzl. Verordnungen sämtlicher Bundesstaaten. Von Rechtsanwalt **H. Sonnenfeld,** Syndik. d. Berl. Drogisten-Innung. 1902. 3 M.

65. Das **Weingesetz** vom 24. Mai 1901. Mit Ausführungsbestimmungen von Dr. **Georg Lebbin,** Handels- u. Gerichtschemiker. 1902. 1 M. 50 Pf.

66. **Die Eisenbahn-Gesetzgebung.** Von **W. Pietsch,** Geh. exp. Sekretär im Reichs-Eisenbahn-Amt. 1902. 5 M.

67. **Militär-Strafgesetzbuch** von Senats-Präsident Dr. **Paul Herz** und Kriegsgerichtsrat Dr. **Georg Ernst.** 1903. Aus dem Handel gezogen; — dafür Text-Ausgaben ohne Anmerkungen Seite 24. 1 M.

68. Das **Fleischbeschaugesetz.** Vom 3. Juni 1900. Mit Ausführungsges. u. Verordnungen im Reiche und in Preußen. Von Dr. **Georg Lebbin,** Gerichtschemiker und Rechtsanwalt Dr. **Georg Baum.** 1903. 4 M.

69. Reichsgesetz über die **Naturalleistungen der bewaffneten Macht im Frieden** nebst den zugehörigen in Preußen geltenden Bestimmungen. Von Regierungsassessor Dr. **Walter v. Hippel.** 1903. 1 M. 25 Pf.

70. Das **Reichs-Haftpflichtgesetz,** betr. die Verbindlichkeit zum Schadensersatz für die bei dem Betriebe von Eisenbahnen, Bergwerken, Steinbrüchen, Gräbereien und Fabriken herbeigeführten Tötungen und Körperverletzungen, vom 7. Juni 1871. Von Regierungsrat Dr. **G. Eger.** 1903. Preis 3 M.

71. **Kinderarbeit in gewerblichen Betrieben,** v. 30. März 1903. Nebst der Preuß. Ausführ.-Anw. v. 30. Nov. u. d. Bek. des Reichskanzlers v. 17. Dez. 1903. Von **H. Spangenberg,** Oberverwaltungsgerichtsrat. Zweite vermehrte Auflage. 1904. 1 M. 60 Pf.

72. **Unfallversicherungsgesetz für Land- und Forstwirtschaft** vom Wirkl. Geh. Rat Dr. **E. von Woedtke,** fortgesetzt von Dr. **Alfred Radtke,** Geh. Regierungsrat und Senatspräs. im Reichsversicherungsamt. Zweite Auflage. 1904. 4 M. 50 Pf.

73. **Entschädigung für unschuldig erlittene Verhaftung und Bestrafung.** Nebst Anhang, enth. die dazu gehörigen Nebengesetze über Schadensersatz. Von Dr. jur. **A. Romen,** Geh. Kriegsrat und vortr. Rat im Kriegsministerium. 1904. 2 M.

74. Die **Kaufmannsgerichte** nebst den preuß. Ausführungsbestimmungen. Von Dr. **Max Apt,** Syndikus der Korporation der Berliner Kaufmannschaft. Dritte Auflage. 1905. 2 M.

75. Reichsgesetz über die **Konsulargerichtsbarkeit.** Erläutert von Dr. jur. **A. F. Vorwerk,** Rechtsanwalt in Schanghai. 1905. 2 M.

76. **Die Rechtshilfe im Verkehr mit den ordentlichen Gerichten nach deutschem Reichsrecht.** Zusammenstellung aller in Betracht kommenden Gesetzesstellen. Von Landrichter Dr. **A. Friedländer.** 1906. 1 M. 80 Pf.

77. **Das Reichserbschaftssteuergesetz.** Vom 3. Juni 1906. Von **Ulrich Hoffmann,** Geh. Registrator im Kgl. Preuß. Finanzministerium. 1906. 2 M. 60 Pf.

78. **Zigarettensteuergesetz.** Vom 3. Juni 1906. Von Dr. **Cuno,** Gerichtsassessor. 1906. 1 M. 80 Pf.

79. **Die Militärpensionsgesetze** vom 31. Mai 1906 nebst Ausführungsbestimmungen. Zum Gebrauch für Heer, Marine und Schutztruppe von Dr. jur. **A. Romen,** Wirklicher Geheimer Kriegsrat.
a) I. Teil: Offizierpensionsgesetz. 3 M. 50 Pf.
b) II. Teil: Mannschaftsversorgungsgesetz. 3 M. 50 Pf.

Jeder Teil ist einzeln käuflich.

80. Reichsgesetzgebung über **gerichtliche Registerführung.** Textausgabe der einschlägigen Gesetzesbestimmungen mit Anmerkungen und Sachregister von **Otto Lindemann,** Landrichter. 1906. 3 M.

81. Gesetz, betr. **Urheberrecht an Werken der bildenden Künste und der Photographie.** Von Dr. **Ludw. Fuld,** Rechtsanwalt. 1907. 1 M.

82. **Reichsbeamtengesetz** in der Fassung vom 18. Mai 1907 und seine Ergänzungen von Prof. Dr. **Ad. Arndt.** 3 M.

83. **Reichsgesetz über den Versicherungsvertrag** nebst Einführungsgesetz mit Einleitung undausführlicher Erläuterung von Dr. **Paul Hager** und Dr. **R. Behrend,** Regierungsräte. ca. 4 M. 50 Pf.

84. **Sammlung kleinerer privatrechtlicher Reichsgesetze** von Landrichter **Georg Müller.** 6 M. 50 Pf.

Enthält eine Fülle von Gesetzen, die anderweit fast garnicht oder nur schwer zu beschaffen sind.

85. **Scheckgesetz** mit Einleitung usw. Von Prof. Dr. **Max Apt.** Im Druck. 1 M. 50 Pf.

86. **Die Auslieferungsverträge des Deutschen Reiches** von Landrichter **A. Cohn.** Im Druck.

87. Gesetz zum **Schutz der Warenbezeichnungen.** Nebst Ausführungsbestimmungen. Von Geh. Reg.-Rat, Mitglied des Patentamts Dr. **Freund** und Rechtsanwalt **Magnus.** Fünfte Auflage. 1908. Im Druck.

Guttentag'sche Sammlung

Preußischer Gesetze.

Text-Ausgaben mit Anmerkungen. Taschenformat.

1. Die **Verfassungs-Urkunde** für den Preußischen Staat. Mit Einleitung, vollständigem Kommentar. Von Prof. Dr. **Adolf Arndt.** Sechste Auflage. 1907. 3 M.

2. Preußische **Beamten-Gesetzgebung**. Enthaltend die wichtigsten Beamtengesetze in Preußen. Von **C. Pfafferoth.** Vierte, neubearb. Auflage. 1905. Mit Anhang: Abänderung vom 27. Mai 1907. 2 M.

3. **Die Aufnahme des Nottestaments** durch die bestellten besonderen Urkundspersonen. Anweisung vom 15. März 1904. Erläutert mit Musterbeispielen und einem Abriß des Erbrechts von Amtsgerichtsrat **C. Kurtz.** 1904. 1 M. 50 Pf.

4. **Gebührenordnung** für **Notare** vom 25. Juni 1895 nebst den einschlägigen Vorschriften des Preußischen Gerichtskostengesetzes. Von **R. Sydow.** Dritte Auflage bearbeitet von Justizrat Dr. **Rausnitz.** 1908. 1 M. 60 Pf.

5. **Gesetz vom 24. April 1854 (betr. die außerehel. Schwängerung).** Von Dr. **Schulze.** 1873. 75 Pf.
   Gültiges Recht siehe: Reichsgesetze Nr. 58.

6. Die Preuß. **Ausführungsgesetze und Verordnungen zu den Reichs-Justizgesetzen.** Von **R. Sydow.** Dritte vermehrte Auflage. 1895. 2 M. 40 Pf.
   Siehe Seite 23, Busch, Ausführungsgesetze.

7. Allg. **Gerichtsordnung** vom 6. Juli 1793 und Preuß. **Konkursordnung** vom 8. Mai 1885. Von **F. Vierhaus**, Geh. Ober-Justizrat. Vergriffen.

8. **Vormundschaftsordnung**. Von **F. Schultzenstein.** Gültiges Recht siehe: Reichsgesetze Nr. 47.

9. Die Preußische **Grundbuchgesetzgebung**. Von Prof. Dr. **Fischer.** Vergriffen. Siehe: Reichsgesetze Nr. 42.

10. **Einkommensteuergesetz**. Von **A. Fernow**, Geh. Ober-Finanzrat. Siebente Auflage. 1908. Im Druck.

11. **Gewerbesteuergesetz**. Von **A. Fernow**, Geh. Ober-Finanzrat. Vierte, vermehrte Auflage. 1905. 2 M.

12. **Allgemeines Berggesetz** für die Preußischen Staaten vom 24. Juni 1865 nebst den preußischen Berggesetznovellen, den einschläg. Nebengesetzen u. Ausführungsbestimmungen. Mit Einleitung, Erläuterungen und Sachregister bearbeitet von **W. Westhoff** und **W. Schlüter.** Zweite Auflage. 1907. 5 M.

13. **Ergänzungssteuergesetz** (Vermögenssteuergesetz). Von **A. Fernow**, Geh. Ober-Finanzrat. Vierte vermehrte Auflage. 1907. 2 M. 40 Pf.

14. **Kommunalabgabengesetz**. Vom 14. Juli 1893 und Gesetz wegen Aufhebung direkter Staatssteuern. Von Dr. **F. Adickes**, Oberbürgermeister. Vierte Auflage. 1906. 1 M. 50 Pf.

15. Die **Kreisordnungen** für den Preußischen Staat. Von **O. Kolisch,** Landgerichtsrat. 1894. 4 M.

16. **Konzessionierung gewerblicher Anlagen.** Preuß. Ausführungs-Anweisung zu §§. 16 u. ff der Gewerbe-Ordnung. Von Dr. **W. v. Rüdiger,** Geh. Regierungs- u. Gewerberat. Zweite Auflage. 1901. 2 M.

17. Preußisches **Gerichtskostengesetz.** Mit Kostentabellen. Von Dr. **P. Siméon,** Landgerichtsrat. Fünfte Auflage. 1908. Im Druck.

18. Preußisches **Stempelsteuergesetz** vom 31. Juli 1895. Mit den gesamten Ausführungsbestimmungen und vollständigen Tabellen. Von **P. Loeck,** Regierungsrat. Sechste Auflage. (In größerem Oktav-Format.) 1907. 6 M.

19. Das **Jagdscheingesetz.** Mit ausführlichen Erläuterungen. Von **F. Kunze,** Wirklichem Geh. Ober-Regierungsrat. Zweite Auflage. 1899. 2 M.

20. Die **preußischen Erbschaftssteuergesetze.** Unter Berücksichtigung der Novelle vom 31 Juli 1895. Von **U. Hoffmann,** Geh. Registrator im Königl. preuß. Finanzministerium. 1905. 4 M.
(**Reichs**-Erbschaftssteuergesetz s. Reichsgesetze Nr. 77).

21. Gesetz über die **Handelskammern.** Vom 19. August 1897. Mit Erläuterungen von **F. Lusensky,** Geh. Regierungsrat. 1897. 3 M.

22. Gesetz, betr. **Anstellung und Versorgung der Kommunalbeamten.** Mit Ausführungsanweisung. Von Dr. **W. Ledermann,** Magistratsassessor zu Berlin. 1899. 1 M. 25 Pf.

23. **Ausführungsgesetz zum Bürgerlichen Gesetzbuche.** Von Landrichter Dr. **P. Siméon.** 2. Aufl. 1905. 1 M. 80 Pf.

24. Die **Hinterlegungsordnung** in der Fassung des Ausführungsgesetzes z. BGB. v. 20. Sept. 1899 nebst Ausführungsbestimmungen. Von Regierungsassessor Dr. **Georg Bartels.** 1900. 1 M. 50 Pf.

25. **Preußische Kommunalbeamtengesetzgebung.** Von Magistr.-Assess. Dr. **Fr. Kremski,** Berlin. 1901. 3 M.

26. Gesetze über das **Diensteinkommen der Lehrer und Lehrerinnen, Ruhegehalt und Fürsorge für Hinterbliebene.** Tabelle zur Berechnung der Ruhegehalts-, Witwen- u. Waisenbezüge. Von Dr. **Ed. Cremer,** Beigeordneter. 1900. 2 M. 40 Pf.

27. **Gesetz,** betreffend die **Warenhaussteuer.** Von Geh. Ober-Finanzrat Dr. **G. Strutz.** 1900. 1 M. 20 Pf.

28. Gesetz über die **Fürsorgeerziehung Minderjähriger.** Nebst Ausführungsbestimmungen. Von Landgerichtsdirektor Dr. **P. F. Aschrott.** Zweite umgearbeitete Auflage. 1907. 2 M. 80 Pf.

29. Gesetz, betr. **die ärztlichen Ehrengerichte, das Umlagerecht und die Kassen der Aerztekammern.** Von Amtsgerichtsrat Dr. **Fidler.** 1901. 1 M. 50 Pf.

30. Die das **Preußische Staatsschuldbuch** und **Reichsschuldbuch** betr. Gesetze nebst Ausführungsbestimmungen. Von Wirkl. Geh. Ober-Finanzrat **J. Mücke,** Mitglied der Staatsschuldenverwaltung. 1902. 2 M.

31a. **Die geltenden Preußischen Gesindeordnungen.** Herausgegeben in zwei Bänden von **Stephan Gerhard,** Rechtsanwalt in Berlin. 1902.

Band I: Gesindeordnung für die altpreußischen Provinzen vom 8. XI. 1810, mit Erläuterungen unter Berücksichtigung der Ergänzungsgesetze und der Rechtsverhältnisse der Gesindevermieter, sowie die Gesindeordnung für Neuvorpommern und Rügen und für die Rheinprovinz. 2 M. 50 Pf.

31b. **Band II:** Gesindeordnungen für Hannover, Schleswig-Holstein, Hessen-Nassau und den Regierungsbezirk Hohenzollern. 2 M. 50 Pf.

32. **Die Städteordnung für die sechs östlichen Provinzen Preußens vom 30. Mai 1853 nebst ihren gesetzlichen Ergänzungen.** Von **Dr. jur. Walter Ledermann,** Magistrats-Assessor zu Berlin. (In größerem Oktav-Format.) 1902. 6 M.

33. **Rentenguts- und Anerbenrechts-Gesetzgebung in Preußen.** Von Landgerichtsrat **M. Peltasohn** und Rechtsanwalt **Bruno Peltasohn.** 1903. 3 M.

34. Sammlung der wichtigsten **preußischen Strafgesetze** nebst Anhang: Gesetz betr. polizeiliche Strafverfügungen vom 23. April 1883. Von **Otto Lindemann,** Amtsrichter. 1903. 2 M. 50 Pf.

   Inhalt: Mobiliar-Feuerversicherung — Chausseegeld — Jagdpolizei — Jagdschein — Wild-Schonzeit — Fischerei — Versammlungs- u. Vereinigungsrecht — Belagerungszustand — Gesindedienstpflichten — Mineraliengewinnung und -Aneignung — Schlachthäuser — Dampfkesselbetrieb — Wandergewerbebetrieb — Reblausverbreitung — Forstdiebstahl — Wald- u. Wassergenossenschaften — Feld- u. Forstpolizei — Lotteriespiel — Verkehrsabgaben — Landestrauer.

35. **Geschäftsordnung für Gerichtsvollzieher.** Gerichtsvollzieherordnung und Gebührensätze von Amtsgerichtssekretär a. D. **Emil Exner.** 1904. 3 M. 50 Pf.

36. Die Gesetzgebung über **Polizeiverordnungen in Preußen** von **Otto Lindemann,** Amtsrichter in Köslin. 1904. 1 M. 50 Pf.

37. Gesetz über die **Enteignung von Grundeigentum** vom 11. Juni 1874. Von Landrichter **O. Meyer.** 1905. 2 M.

38. **Kreis- und Provinzial-Abgabengesetz.** Vom 23. April 1906. Von **Fr. Schmidt,** Gemeindevorsteher. 1906. 1 M. 25 Pf.

39. Gesetz betr. die **Unterhaltung der öff. Volksschulen.** Vom 28. Juli 1906. Von **Dr. A. Marcks,** Regierungsrat. 1906. 2 M.

40. Gesetz betr. das **Verwaltungsstrafverfahren** bei Zuwiderhandlungen gegen die Zollgesetze und die sonstigen Vorschriften über indirekte Reichs- und Landesabgaben, sowie die Bestimmungen über die Schlacht- und Wildpretsteuer vom 26. Juli 1897. Von **Dr. Richard Katzenstein,** Gerichtsassessor. 1907. 3 M. 60 Pf.

41. Die **preußischen Jagdpolizeigesetze.** Von **Fr. Kunze,** Wirkl. Geh. Oberregierungsrat und **R. Kühnemann,** Rechtsanwalt. Zweite gänzlich veränderte und verbesserte Auflage. 3 M. 60 Pf.

Erbenhaftung und Nachlaßkonkurs im neuen Reichsrecht. Von Professor Dr. Ernst Jaeger. 1898. gr. 8°. (117 S.) 3 M.

Fluchtliniengesetz. — Das Gesetz, betreffend die **Anlegung** und **Veränderung** von Straßen und Plätzen in Städten und ländlichen Ortschaften vom 2. Juli 1875. Des Kommentars von weil. Oberverwaltungsgerichtsrat R. Friedrichs fünfte, völlig neubearbeitete Auflage. Von Senatspräsident Dr. jur. Hugo von Strauß und Torney. 1905. 8°. (364 S.) geb. 5 M.

Die **freiwillige Gerichtsbarkeit** im Reiche und in Preußen. Ein Leitfaden von Dr. A. Nußbaum 1900. 8°. (268 S.) Geb. in Leinen 4 M.

Gewerberecht und **Arbeiterschutz.** Führer für Arbeitgeber und Arbeiter durch die Gewerbe- und Arbeiterschutzgesetze. Von G. Laurisch, Kgl. Gewerbeinspektor. 1901. 8°. (210 S.) Kart. 1 M. 80 Pf.

Die **Gläubigeranfechtung außerhalb des Konkurses.** Auf Grundlage des Gesetzes v. 21. Juli 1879. Von Prof. Dr. Ernst Jaeger. 1905. (356 S.) 9 M., geb. 10 M.

Die **Grundbuchordnung** nebst den preußischen Ausführungsbestimmungen mit Kommentar und systematischer Uebersicht über das materielle Grundbuchrecht. Von Reichsgerichtsrat Dr. Alex Achilles und Landrichter O. Strecker. 1901. Lex. 8°. (960 S.) 12 M., geb. in Halbfr. 14 M.

Die **Verfügungen in Grundbuchsachen**. Leitfaden für Grundbuchbeamte, Notare und Referendare. Von Amtsgerichtsrat Max Löwenherz. 1904. (115 S.) gr. 8°. 2 M., geb. in Leinen 2 M. 50 Pf.

Die **Haftpflicht der Beamten.** Nach Reichsrecht und dem Recht der deutschen Bundesstaaten unter Berücksichtigung der Haftpflicht des Staates (Gemeindeverbandes usw.). Von Landrichter Dr. H. Delius. 1901. 8°. (147 S.) Kart. 2 M.

Das Recht der Handlungsgehilfen und Handlungslehrlinge auf Grund des Handelsgesetzbuches, der Reichs-Gewerbeordnung, der Reichs-Versicherungsgesetze und des bürgerlichen Rechts dargestellt für Juristen und Kaufleute. Von Rechtsanwalt Hugo Horrwitz. 2. vollständig neubearbeitete Auflage. 1905. (203 S.) Geb. in Leinen 3 M.

Handelsgesetzbuch vom 10. Mai 1897 nebst Abdruck des Gesetzes über die Angelegenheiten der freiwilligen Gerichtsbarkeit und Gerichtsverfassungsgesetz (Titel 7, Kammern für Handelssachen). Zu praktischem Gebrauch dargestellt von Oberlandesgerichtsrat H. Königs. 1899. 8°. (410 S.) Geb. in Leinen 4 M. 50 Pf.

Das **Kommunalabgabengesetz** vom 14. Juli 1893. Für den praktischen Gebrauch mit einer geschichtlichen Einleitung und Erläuterungen versehen, sowie mit einem die Ausführungsanweisung berücksichtigenden Nachtrag. Kommentar von Oberbürgermeister Dr. Franz Adickes. 1894. 8°. (417 S.) Kart. 6 M.

Das **Absonderungsrecht im Konkurse** mit besonderer Berücksichtigung des preußischen und gemeinen Rechts, systematisch dargestellt von Oberlandesgerichtsrat Dr. Th. Wolff. 1892. gr. 8°. (542 S.) 10 M.

Konkursordnung mit Einführungsgesetz, Nebengesetzen und Ergänzungen in der Fassung des Gesetzes vom 17. Mai 1898. Kommentar von Oberlandesgerichtsrat Dr. Th. Wolff. 1900. gr. 8°. (555 S.) 11 M., geb. in Leinen 12 M.

Die Kurtaxe. Betrachtungen über ihre rechtliche Natur. Von Professor J. Kohler. 1902. gr. 8⁰. (52 S.) 1 M.

Das **Wohnungsmietrecht** nach dem Bürgerlichen Gesetzbuch. Zum praktischen Gebrauch für Juristen, Hausbesitzer und Mieter bearbeitet von Rechtsanwalt und Notar Th. Loomann. 1900. 8⁰. (144 S.) 2 M.

Der Raritätenbetrug. Von Dr. Hanns Gross, Universitäts-Professor. 1901. gr. 8⁰. (296 S.) 6 M.

Polizei und Publikum. Eine Darstellung der beiderseitigen Rechte und Pflichten an der Hand der grundlegenden Bestimmungen für die Ausübung der örtlichen allgemeinen Verwaltungspolizei in Preußen. Von Bürgermeister M. Koehne. 1897. 8⁰. (144 S.) Geb. in Leinen 2 M. 75 Pf.

Patentgesetz und Gesetz, betreffend den **Schutz von Gebrauchsmustern.** Von Justizrat Dr. A. Seligsohn. 2. Auflage. 1901. gr. 8⁰. (557 S.) 12 M., geb. in Leinen 13 M.

Die **Tätigkeit der Polizei in Strafsachen** auf Grund der Reichsjustizgesetze und des Preußischen Rechts für Polizeiverwalter und Polizeibeamte. Von Oberverwaltungsgerichtsrat St. Genzmer. 4. Auflage. 1900. 16⁰. (117 S.) Kart. 90 Pf.

Beschwerde und **Klage** sowie sonstige **Rechtsmittel** gegen polizeiliche Verfügungen und Zwangsmaßregeln. Gemeinverständlich dargestellt und durch Beispiele erläutert von Oberverwaltungsgerichtsrat B. von Kamptz. 1894. 12⁰. (93 S.) Kart. 1 M. 20 Pf.

Dienstunterricht für Polizei-Exekutiv-Beamte. 1. Teil. Strafgesetzgebung (Gerichtsverfassung, Strafprozeßordnung, Strafgesetzbuch). Von Polizeiinspektor J. Segger. 1900. 8⁰. (308 S.) Kart. 2 M.

Die Registratur. 2. Auflage. 1906. Von Hermann Kollrack, Kgl. Polizeisekretär am Berliner Polizeipräsidium. 8°. (84 S.) Kart. 1 M. 40 Pf.

Rechtsbrevier für deutsche Ehefrauen. 52 Merksprüche aus dem Bürgerl. Gesetzbuch mit Erläuterungen. Von Dr. jur. Emilie Kempin. 8°. (62 S.) Kart. 1 M.

Verwaltungs-Hygiene. Ein Handbuch der öffentlichen Gesundheitspflege für Verwaltungsbeamte. Von Dr. A. Pfeiffer. 1895. gr. 8°. (228 S.) 5 M., geb. in Leinen 6 M.

Handbuch des Vormundschaftsrechts. Unter Berücksichtigung der Ausführungsgesetze der deutschen Bundesstaaten. Von H. Schultetus, Landgerichtsrat in Rostock. 1899. 8°. (261 S.) 4 M., geb. in Leinen 4 M. 60 Pf.

Die Pflichten des Waisenrates. Ein praktischer Leitfaden für Waisenräte und Verwaltungsbeamte. Von F. Baum, Geh. Justizrat und Vormundschaftsrichter. Achte vermehrte und verbesserte Auflage. 1906. 8°. (46 S.) 60 Pf.

Wechselstempelsteuer und ihre Reform. Eine kritische Studie. Von Dr. jur. Eug. Jacobsohn. 1906. gr. 8°. (47 S.) 1 M.

Der Vormund, Gegenvormund, Pfleger u. Familienrat. Nach dem Bürgerlichen Gesetzbuch, dem Reichsgesetz über die Angelegenheiten der freiwilligen Gerichtsbarkeit und dem Ausführungsgesetz zum BGB. Ein praktischer Leitfaden. Von F. Baum, Geh. Justizrat und Vormundschaftsrichter. 1899. 8°. (64 S.) 50 Pf.

Gesetz zum **Schutz der Warenbezeichnungen** vom 12. Mai 1894, nebst Ausführungsbestimmungen. 2. Auflage, bearbeitet von Dr A. Seligsohn in Gemeinschaft mit Rechtsanwalt Martin Seligsohn. 1905. gr. 8°. (353 S.) 7 M., geb. 8 M.

Anleitung zur **Bildung öffentlicher Genossenschaften zur Ent- und Bewässerung** von Grundstücken für Zwecke der Landeskultur in den preuß. Provinzen nebst den in Betracht kommenden Gesetzen und Ministerialerlassen. Zugleich ein Handbuch des landwirtschaftlichen Wasserrechts für jedermann. Von Regierungsrat Dr. Bernh. Weddige. 1887. 8°. (300 S.) 4 M. 50 Pf.

Das **Wildschadengesetz.** Vom 11. Juli 1891. Kommentar von Dr. A. Holtgreven u. Dr. Th. Wolff. Vierte vermehrte und verbesserte Auflage. 1902. 8°. (224 S.) 4 M., geb. in Leinen 4 M. 50 Pf.

Belehrung über den Wucher. Ein Schutz gegen Schädigung mit Fingerzeigen für jedermann. Nach dem neuen Wuchergesetz bearbeitet von Carl Pfafferoth, Geh. Kanzleirat im Reichsjustizamt. 1893. 8°. (38 S.) 50 Pf.

Das **Reichsgesetz zur Bekämpfung des unlauteren Wettbewerbs** nebst den ergänzenden Bestimmungen des Bürgerlichen Gesetzbuchs. Kommentar von Justizrat Albert Pinner, 1903. gr. 8°. (189 S.) 5 M., geb. in Leinen 6 M.

Verfassung des Deutschen Reichs. Mit Einleitung und Kommentar. Dritte, stark vermehrte und verbesserte Auflage. Von Prof. Dr. A. Arndt. 1907. 8°. (436 S.) 4 M., geb. in Leinen 5 M.

Schlagwort-Register.

R. = Nummer der Sammlung Deutscher **Reichs**gesetze.
P. = Nummer der Sammlung **Preußischer** Gesetze.
S. = Seite.

Absonderungsrecht S. 28.
Abzahlungsgeschäfte R. 34.
Aerztekammern P. 29.
Aerztl. Ehrengerichte P. 29.
Aktienrecht R. 24, 26.
Altersversicherungsges R. 30.
Anerbenrechtsgesetz P. 33.
Anfechtungsgesetz R. 13.
Ansiedelungsgesetz S. 26.
Arbeiterschutzgesetz R. 6.
Arbeiterversicherungsgesetze R. 20, 23, 28, 30, 57.
Arzneimittel R. 6, 64.
Ausführungsanweisung zur Gew.O. S. 24.
Ausführungsgesetze z. BGB. P. 23, S. 25.
Ausführungsgesetze zu den Reichsjustizgesetzen P. 6, S. 25.
Auswanderungsgesetz R. 9, 44.
Automobilges. R. 18.
Bankgesetz R. 26.
Baufluchtengesetz S. 27.
Bauunfallversicherungsgesetz R. 28.
Baupolizeirecht S. 26.
Beamtengesetze R. 10, P. 2, S. 28, 29.
Bekämpfung gemeingefährlicher Krankheiten R. 56.
Belagerungszustand P. 34.
Berggesetz P. 12.
Berufsgenossenschaften S. 26.
Beschlagnahme von Lohn- und Gehaltsforderungen R. 55.
Beurkundung des Personenstandes R. 59.
Binnenschiffahrtsgesetz R. 36.
Blei- u. zinkhaltige Gegenst. R. 9.
Börsengesetz R. 41.
Börsensteuergesetz R. 18.
Brausteuererhebung R. 25.

Bundes- und Staatsangehörigkeit R. 8.
Bürgerliche Gesetzsammlung für Preußen S. 26.
Bürgerliches Gesetzbuch R. 38/39, S. 24, 26.
Bürgerliches Rechts-Lexikon S. 25.
Bürgerliches Recht S. 26.

Chausseegeld P. 34.
Civilprozeßordnung R. 11, S. 24.

Dampfkesselbetrieb R. 6, P. 34.
Deichgesetz S. 26
Depotgesetz R. 40.
Diensteinkommen der Lehrer und Lehrerinnen P. 26.
Drogenhandel R. 48, 64.

Eheschließungsgesetz R. 59.
Einkommensteuergesetz P. 10.
Eisenbahngesetzgebung R. 66, 35.
Elektrizitäts-Diebstahl R. 2.
Enteignung von Grundeigentum P. 37.
Entmündigungsgesetz R. 45.
Entschädigung freigesprochener Personen R. 12.
Entschädigung unschuldig Verhafteter u. Verurteilter R. 73.
Entziehung elektr. Arbeit R. 2.
Erbenhaftung S. 27.
Erbschaftssteuergesetz R. 77, P. 20.
Ergänzungssteuergesetz P. 13.
Erwerbs- und Wirtschaftsgenossenschaften R. 29.

Fahrkartensteuer R. 18.
Farbengesetz R. 9, 48.
Farbenhandel R. 48.
Feingehalt der Gold- und Silberwaren R. 9.
Feld- u. Forstpolizeiges. S. 26, P. 34.
Feuerversicherung P. 34.
Fischereigesetz P. 34
Fleischbeschauges. R. 9, 54, 68.
Flößereigesetz R. 36.
Fluchtliniengesetz S. 27.
Forstdiebstahl P. 34.
Frachturkundensteuer R. 18,
Freiwillige Gerichtsbarkeit R. 46, S. 27.
Freizügigkeit R. 8.
Fürsorgeerziehung Minderjähriger R. 47, P. 28.

Gast- u. Schankwirtschaftsgehilfen R. 6.
Gebrauchsgegenstände, Verkehr mit R. 9, 54.

Gebrauchsmusterschutzgesetz R. 9, S. 29.
Gebührengesetz, preußisches, für Rechtsanwälte und Gerichtsvollzieher R. 17.
Gebührenordnung für Gerichtsvollzieher R. 15.
Gebührenordnung für Notare P. 4.
Gebührenordnung für Rechtsanwälte R. 17.
Gebührenordnung für Zeugen und Sachverständige R. 15.
Gehaltsforderungen, Beschlagnahme von R. 55.
Genehmigung gewerblicher Anlagen P. 16.
Genossenschaftsgesetz R. 29.
Genußmittel, Verkehr mit R. 9, 54.
Gerichtsbarkeit, freiwillige R. 46.
Gerichtskostengesetz, deutsches R. 15.
Gerichtskostengesetz, preußisches P. 17.
Gerichtsordnung, Preußische P. 7.
Gerichtsverfassungsgesetz R. 14, 11, 12, S. 24.
Gerichtsvollzieher-Gebührenordnung R. 15.
Geschäftsordnung für Gerichtsvollzieher P. 35.
Gesellschaften, geschlossene, Rechtsverhältnisse S. 32.
Gesellschaften mit beschränkter Haftung R. 32.
Gesetzbuch, Bürgerliches R. 38/39, S. 24, 25, 26.
Gesetzestafel des deutschen Reichsrechts R. 63.
Gesetz-Sammlung, preuß. S. 26.
Gesindedienstpflichten P. 34.
Gesindeordnungen, preußische P. 31 a, 31 b.
Gesundheitswesen R. 27.
Gewerbebetrieb im Umherziehen R. 6, P. 34.
Gewerbegerichte R. 31.
Gewerbeordnung R. 6, S. 24.
Gewerberecht S. 27.
Gewerbesteuergesetz, preußisches P. 11.
Gewerbe-Unfallversicherungsgesetz R. 23.
Gifthandel R. 48, 64.
Gläubiger-Anfechtung S. 27.
Gold- u. Silberwaren-Feingehalt R. 9.
Grundbuchordnung R. 42, S. 27.
Grundbuchgesetzgebung, Preußische P. 9.
Grundbuchsachen S. 27.
Grundeigentum, Enteignung von P. 37.

Haftpflichtgesetz R. 70.
Haftpflicht d. Beamten S. 28.

Handelsgesetzbuch R. 4, S. 24, 28.
Handelskammergesetz P. 21.
Handfeuerwaffen R. 9.
Handlungsgehülfen S. 28.
Handwerkergesetz R. 6.
Hilfskassen, eingeschr. R. 20.
Hinterlegungsordnung P. 24.
Hypothekenbankgesetz R. 51.

Jagdpolizeigesetz P. 34, 41.
Jagdscheingesetz P. 19, 34.
Inhaberpapiere mit Prämien R. 9.
Invalidenversicherung R. 30.

Kaufleute, Pflichten bei Aufbewahrung von Wertpapieren R. 40.
Kaufmannsgerichte R. 74.
Kiautschou-Gebiet, militär. Strafrechtspflege im R. 3.
Kinder, Recht der unehelichen R. 58.
—, Unterbringung verwahrloster R. 47.
Kinderarbeit, gewerbl. R. 2, 71.
Kinderschutzgesetz R. 71.
Kolonialgesetzgebung R. 49.
Kommunalabgabenges. P. 14
Kommunalbeamtenges. P. 22
Kommunalbeamtenrecht P. 25, S. 30.
Konkursordnung R. 13, S. 24, 28.
Konkursordnung, Preuß. P. 7.
Konsulargerichtsbarkeit R. 75.
Konsulargesetzgebung R. 21, 75.
Konzessionierung gewerbl. Anlagen P. 16.
Kraftfahrzeuge R. 18.
Krankenversicherungsgesetz R. 20.
Kreisabgabengesetz P. 38.
Kreisordnungen P. 15.
Kurtaxe S. 29.

Ladenschluß R. 6.
Landesgesetze, privatrechtliche S. 26.
Landestrauer P. 34.
Landrecht, preußisches S. 26.
Lehrergehalts- u. -Pensionsgesetze P. 26.
Literaturschutz R. 60.
Lohnforderungen, Beschlagnahme von R. 55.
Lotteriespiel P. 34.

Maß- u. Gewichtsordnung R. 9 a.
Mannschaftsversorgungsges. R. 79 b.
Mantelgesetz R. 23.
Margarinegesetz R. 9, 54.
Markenschutzgesetz R. 22 b.
Medizinalgesetzgebung R. 27.
Mietrecht S. 29.
Militärpensionsgesetz R. 79.

Militärische Geheimnisse, Verrat R. 9.
Militärstrafgerichtsordnung R. 3, S. 24.
Militärstrafgesetzbuch R. 67, S. 24.
Minderjährige, Fürsorgeerziehung für R. 47, P. 28.
Mineraliengewinnung und Aneignung P. 34.
Mobiliar-Feuerversich. P. 34.
Modellschutzgesetzgeb. R. 9.
Münzwesen R. 26.
Musterschutzgesetz R. 9.

Nahrungsmittelgesetze R. 9, 54, 65.
Naturalleistung für die bewaffnete Macht R. 69.
Notare, Gebührenordnung für preußische P. 4.
Notenbankwesen R. 26.
Nottestament P. 3.

Patentgesetz R. 9, 22a, S. 29.
Personenstandsges. R. 59, 9,2.
Photographieschutz R. 81, 9.
Polizei S. 29.
Polizeiverordnungen i. Preußen P. 36.
Postgesetze R. 7.
Preßgesetz R. 9, 53.
Preußische Verfassung P. 1.
Privatrechtliche preußische Landesgesetze S. 26.
Privatrechtliche Reichsgesetze R. 9a.
Provinzialabgabenges. P. 38.

Raritätenbetrug S. 29.
Rayongesetz R. 9a, S. 27.
Reblausgesetz R. 9a, P. 34.
Rechte der Besitzer v. Schuldverschreibungen R. 52.
Rechtsanwalts-Gebührenordnung R. 17.
Rechtsanwaltsordn. R. 16.
Rechtshilfe R. 76.
Rechtslexikon S. 25.
Rechtsmittel S. 29, 30.
Registratur S. 30.
Reichsbeamtengesetz R. 10.
Reichseisenbahngesetzgebung R. 35, 66.
Reichserbschaftssteuer R. 77.
Reichsgewerbeordnung R. 6, S. 24, 27.
Reichsgrundbuchordn. R. 42, S. 27.
Reichs-Justizgesetze S. 24, R. 11, 12, 13.
— —, Ausführungsgesetz dazu S. 25.
Reichskassenscheine R. 9.
Reichsmilitärgesetz R. 9a.
Reichspreßgesetz R. 53.
Reichsschuldbuch P. 30.
Reichsseuchengesetz R. 9, 55.

Reichsstempelgesetz R. 18.
Reichsverfassung R. 1, S. 31.
Rentengutsgesetze P. 33.
Rinderpest R. 9.

Saccharingesetz R. 9, 54.
Schadensersatz an unschuldig Verhaftete u. Verurteilte R. 73.
Schlachthäuser P. 34.
Schlachtviehgesetz R. 9, 54, 68.
Schonzeit des Wildes P. 34.
Schuldverschreibungsgesetz R. 52.
Schutztruppe, Strafverfahren R. 3, Pension R. 79.
Schwängerung, außereheliche R. 58, P. 5.
Seegesetzgebung R. 19.
See-Unfallversicherungsgesetz R. 57.
Seuchengesetz R. 56.
Sklavenhandel R. 9.
Sozialpolitische Gesetze R. 20, 23, 28, 30, 57, 72.
Sprengstoffgesetz R. 2, 9.
Staatsangehörigkeit, Erwerb und Verlust R. 8.
Staatsschuldbuch P. 30.
Staatssteuern, Gesetz betr. Aufhebung direkter P. 14.
Städteordnung für die 6 östlichen Provinzen P. 32.
Stempelsteuergesetz f. Preußen P. 18.
Stempelsteuergesetz für das Reich R. 18.
Steuergesetze R. 5, 18, 25, P. 10, 11, 13, 14, 18, 20, 27.
Strafgesetzbuch R. 2.
Strafgesetze preuß. P. 34.
Strafprozeßordnung R. 12, S. 24.
Strafrechtliche RG. R. 9 b.
Straßen- und Baufluchtengesetz S. 27.
Süßstoffe, künstliche R. 9, 54, 64.

Tantièmensteuer R. 18.
Telegraphengesetze R. 7.
Testamentsrecht S. 25, P. 37.

Uneheliche Kinder R. 58.
Unfallversicherungsgesetze R. 23, 28, 57, 72.
Unlauterer Wettbewerb R. 37, S. 31.
Unterbringung verwahrloster Kinder R. 47, R. 28.
Unterstützungswohnsitz R. 8.
Urheberrechtsgesetze R. 9, 60, 22 a, 81.

Vereins- u. Versammlungsrecht R. 33, P. 34, S. 32.
Verfälschung v. Nahrungsmitteln R. 54, Wein R. 65.
Verfassung, Reich R. 1, S. 31.
Verfassung, preußische P. 1.

Verkehrsabgaben P. 34.
Verlagsrecht R. 61.
Vermögenssteuergesetz P. 13.
Verrat militärischer Geheimnisse R. 2, 9.
Versicherungsunternehmungen, private R. 62.
Versorgung der Kommunalbeamten P. 22.
Verwaltungshygiene S. 30.
Verwaltungsstrafverfahren P. 40.
Verwendung gesundheitsschädlicher Farben, Nahrungsmittel, Wein R. 54, 65.
Viehkauf (Viehgewährschaft) und Viehhandel R. 50.
Viehseuchengesetz R. 9 a.
Vormundschaftsordnung, preußische P. 8.
Vormundschaftsrecht, Deutsches R. 47, S. 30.

Waisenrat S. 30.
Wald- und Wassergenossenschaft P. 34, S. 31.
Waldschutzgesetz S. 26.
Wandergewerbebetrieb P. 34.
Warenzeichenrecht R. 9, 22 b, S. 31.
Warenhaussteuergesetz P. 27.
Wechselordnung R. 5.
Wechselstempelsteuergesetz R. 5, S. 30.
Weingesetz R. 9, 54, 64, 65.
Wertpapiere, Depotgesetz R. 40.
Wettbewerb, Bekämpfung unlauteren R. 9, 31.
Wildschadengesetz S. 31.
Wild-Schonzeit P. 34.
Wohnungsmietrecht S. 29.
Wuchergesetz R. 2, S. 31.

Zigarettensteuergesetz R. 78.
Zwangserziehung R. 47.
Zwangsversteigerung an Immobilien R. 43, S. 32.
Zwangsvollstreckungsgesetz R. 43.

Kolibri 360 GmbH
Ferdinand-Jühlke-Straße 7
99095 Erfurt, Deutschland
produktsicherheit@kolibri360.de